POÈMES ET POÈMES

Les plus belles poésies de la langue française

L'origine des textes est mentionnée après chacun des poèmes.
Nous remercions les éditeurs qui nous ont cédé gracieusement leurs copyrights.
Malgré nos efforts, nous n'avons pu identifier les ayants droit de certains textes. Nous les prions de bien vouloir prendre contact avec nous, afin que nous puissions combler les lacunes dont nous les prions de nous excuser.

87, quai Panhard-et-Levassor – 75647 Paris Cedex 13
ISBN : 978-2-0812-6620-9

Présentés par
ANNE DE BERRANGER ET PHILIPPE BOUCHEY

POÈMES ET POÈMES

Les plus belles poésies de la langue française

Illustrations de Frédéric Sochard

Flammarion Jeunesse

Introduction

Une anthologie, c'est un choix. Voici quelques raisons du nôtre.

Nous avons voulu qu'il y ait dans ce petit volume toute une série de poèmes classiques, tout ce qui peut constituer les bases d'une culture, commune à tous, dans ce domaine.

Nous avons souhaité également que d'autres voix soient entendues, modernes ou non. Et nous avons donné parfois libre cours à nos goûts, n'hésitant pas à privilégier quelques poètes...

Nous avons choisi de regrouper les poèmes par affinités thématiques, par affinités de tons, afin d'aider, par des rapprochements, des similitudes et des contrastes, à une lecture active. Le classement chronologique nous a paru moins stimulant !

Les index permettront différents parcours à travers le livre : historique, par auteur, par forme ou tonalité...

Tout cela correspond, au fond, à une double approche.

Nous souhaitons que le lecteur puisse cheminer à son aise, flâner et cueillir à son gré tel ou tel poème, s'arrêter sur telle ou telle voix.

Nous souhaitons aussi qu'une approche plus savante, à laquelle nous sommes particulièrement sensibles en tant que professeurs, soit possible : d'où les notes destinées à faciliter la compréhension de certains poèmes, d'où les index.

Que ce petit livre permette aussi de poser quelques jalons pour l'acquisition d'un savoir, n'est pas, nous semble-t-il, incompatible avec notre désir qu'il soit d'un accès aisé et libre à la poésie, en ce qu'elle enrichit notre regard sur les autres, sur le monde, et sur nous-mêmes...

Post Scriptum

Il faut, bien sûr, signaler tout ce que nous devons aux revues de poésie ; aux auteurs d'anthologies ; à ceux qui, dans des travaux extrêmement précieux nous ont donné accès à tous les poètes un peu moins connus des siècles passés, comme Jean-Pierre Chauveau pour le XVII*e siècle, ou Jean Rousset pour la poésie baroque ; à ceux qui ont eu leur plaisir de lecteur pour guide, comme Jacques Roubaud ; ou encore à ceux qui, comme nous, ont travaillé à rendre la poésie accessible au jeune public.*

Anne de Berranger et Philippe Bouchey

Poètes et poèmes

La poésie, c'est une inspiration presque divine, ou un travail d'artisan, ou un jeu, ou une vocation, parfois une malédiction...
Et le poète sera : un prince, un prophète, un ouvrier, vous ou moi...

Épreuves de langage

I

D'où vient le son
qui nous ébranle
Où va le sens
qui se dérobe
D'où vient le mot
qui libère
Où va le chant
qui nous entraîne
D'où surgit la parole
qui comble le vide
Quel est le signe
qui fauche le temps ?

II

Quel alphabet
prend en compte
nos clartés comme nos ombres
Quel langage
raboté par nos riens
ameute le souffle
Quel désir
devient cadences

images métamorphoses
Quel cri
se ramifie
pour reverdir ailleurs
Quel poème
fructifie
pour se dire autrement ?

III
Issu de notre chair
tissée de siècles
et d'océans
Quel verbe
criblera nos murs
sondera nos puits
modèlera nos saisons ?
Avec quels mots
saisir les miettes
du mystère
qui nous enchâsse
ou de l'énigme
qui nous surprend ?

IV
Que veut la Poésie
qui dit
sans vraiment dire
qui dévoie la parole

et multiplie l'horizon
Que cherche-t-elle
devant les grilles
de l'indicible domaine
dont nous sommes
fleur et racine
mais jamais ne posséderons ?

V
Ainsi chemine
le langage
de terre en terre
de voix en voix
Ainsi nous devance
le poème
plus tenace que la soif
plus affranchi que le vent !

Reims, décembre 1999

Andrée Chédid, *États provisoires du poème II*

Fonction du poète

[...]
Peuples ! écoutez le poète !
Écoutez le rêveur sacré !
Dans votre nuit, sans lui complète,
Lui seul a le front éclairé !
Des temps futurs perçant les ombres,
Lui seul distingue en leurs flancs sombres
Le germe qui n'est pas éclos.
Homme, il est doux comme une femme.
Dieu parle à voix basse à son âme
Comme aux forêts et comme aux flots !

C'est lui qui, malgré les épines,
L'envie et la dérision,
Marche, courbé dans vos ruines,
Ramassant la tradition.
De la tradition féconde
Sort tout ce qui couvre le monde,
Tout ce que le ciel peut bénir.
Toute idée, humaine ou divine,
Qui prend le passé pour racine
A pour feuillage l'avenir.

Il rayonne ! il jette sa flamme
Sur l'éternelle vérité !
Il la fait resplendir pour l'âme
D'une merveilleuse clarté !
Il inonde de sa lumière
Ville et déserts, Louvre et chaumière,
Et les plaines et les hauteurs ;
À tous d'en haut il la dévoile ;
Car la poésie est l'étoile
Qui mène à Dieu rois et pasteurs !

25 mars-1er avril 1839

Victor Hugo, *Les Rayons et les Ombres,* 1840

Moulin premier

[...]
Le poète recommande : « Penchez-vous, penchez-
[vous davantage. »
Il ne sort pas toujours indemne de sa page, mais
comme le pauvre il sait tirer parti de l'éternité d'une
[olive.
[...]
À chaque effondrement des preuves le poète répond
[par une salve d'avenir.
[...]

René Char

Élévation

Au-dessus des étangs, au-dessus des vallées,
Des montagnes, des bois, des nuages, des mers,
Par delà le soleil, par delà les éthers[1],
Par delà les confins des sphères étoilées,

Mon esprit, tu te meus avec agilité,
Et, comme un bon nageur qui se pâme[2] dans l'onde,
Tu sillonnes gaiement l'immensité profonde
Avec une indicible et mâle volupté.

Envole-toi bien loin de ces miasmes morbides[3] ;
Va te purifier dans l'air supérieur,
Et bois, comme une pure et divine liqueur,
Le feu clair qui remplit les espaces limpides.

Derrière les ennuis et les vastes chagrins
Qui chargent de leur poids l'existence brumeuse,
Heureux celui qui peut d'une aile vigoureuse
S'élancer vers les champs lumineux et sereins ;

1. Dans l'ancienne cosmologie, espace qui se trouve au-delà de l'atmosphère terrestre.
2. Perd presque connaissance par suite de l'intensité d'une sensation.
3. Tout ce qui est malsain, porteur de maladie, et qui se diffuse dans l'air.

Celui dont les pensers, comme des alouettes,
Vers les cieux le matin prennent un libre essor,
— Qui plane sur la vie, et comprend sans effort
Le langage des fleurs et des choses muettes !

Charles Baudelaire, *Les Fleurs du mal*, 1857

L'Albatros

Souvent, pour s'amuser, les hommes d'équipage
Prennent des albatros, vastes oiseaux des mers,
Qui suivent, indolents compagnons de voyage,
Le navire glissant sur les gouffres amers.

À peine les ont-ils déposés sur les planches,
Que ces rois de l'azur, maladroits et honteux,
Laissent piteusement leurs grandes ailes blanches
Comme des avirons traîner à côté d'eux.

Ce voyageur ailé, comme il est gauche et veule[1] !
Lui, naguère si beau, qu'il est comique et laid !
L'un agace son bec avec un brûle-gueule[2],
L'autre mime, en boitant, l'infirme qui volait !

Le Poëte est semblable au prince des nuées
Qui hante la tempête et se rit de l'archer ;
Exilé sur le sol au milieu des huées[3],
Ses ailes de géant l'empêchent de marcher.

Charles Baudelaire, *Les Fleurs du Mal*, 1861

1. Faible et sans énergie.
2. Pipe au tuyau très court.
3. Cris poussés pour faire fuir quelqu'un.

Le Lombric[1]

(Conseils à un jeune poète de douze ans)

Dans la nuit parfumée aux herbes de Provence,
le lombric se réveille et bâille sous le sol,
étirant ses anneaux au sein des mottes molles
il les mâche, digère et fore avec conscience.

Il travaille, il laboure en vrai lombric de France
comme, avant lui, ses père et grand-père ; son rôle,
il le connaît. Il meurt. La terre prend l'obole
de son corps. Aérée, elle reprend confiance.

Le poète, vois-tu, est comme un ver de terre
il laboure les mots, qui sont comme un grand champ
où les hommes récoltent les denrées langagières ;

mais la terre s'épuise à l'effort incessant !
sans le pöete lombric et l'air qu'il lui apporte
le monde étoufferait sous les paroles mortes.

Jacques Roubaud, *Les Animaux de tout le monde*

1. Ver de terre.

L'Art poétique

Chant I

[...]

Tout doit tendre au bon sens : mais pour y parvenir,
Le chemin est glissant et pénible à tenir ;
Pour peu qu'on s'écarte, aussitôt l'on se noie.
La raison pour marcher n'a souvent qu'une voie.

[...]

Hâtez-vous lentement ; et, sans perdre courage,
Vingt fois sur le métier[1] remettez votre ouvrage :
Polissez-le sans cesse et le repolissez ;
Ajoutez quelquefois, et souvent effacez.

[...]

Un flatteur aussitôt cherche à se récrier :
Chaque vers qu'il entend le fait extasier.
Tout est charmant, divin : aucun mot ne le blesse ;
Il trépigne de joie, il pleure de tendresse ;
Il vous comble partout d'éloges fastueux :
La vérité n'a point cet air impétueux.
Un sage ami, toujours rigoureux, inflexible,
Sur vos fautes jamais ne vous laisse paisible :
Il ne pardonne point les endroits négligés,
Il renvoie en leur lieu les vers mal arrangés,

1. Métier à tisser, machine utilisée pour faire les tissus.

Il réprime des mots l'ambitieuse emphase[1] ;
Ici le sens le choque, et plus loin c'est la phrase.
« Votre construction semble un peu s'obscurcir ;
Ce terme est équivoque[2], il le faut éclaircir. »
C'est ainsi que vous parle un ami véritable.
[...]

Nicolas Boileau, *Œuvres diverses,* 1674
(Orthographe et ponctuation modernisées.)

1. Exagération, affectation, le contraire de la simplicité et du naturel.
2. Qui peut avoir plusieurs sens, et n'est donc pas clair pour le lecteur.

À Paul Demeny

Charleville, 15 mai 1871

[...]

Je dis qu'il faut être *voyant*, se faire *voyant*.

Le Poète se fait *voyant* par un long, immense et raisonné *dérèglement* de *tous les sens*. Toutes les formes d'amour, de souffrance, de folie ; il cherche lui-même, il épuise en lui tous les poisons, pour n'en garder que les quintessences. Ineffable torture où il a besoin de toute la foi, de toute la force surhumaine, où il devient entre tous le grand malade, le grand criminel, le grand maudit, – et le suprême Savant ! – Car il arrive à l'*inconnu !* Puisqu'il a cultivé son âme, déjà riche, plus qu'aucun ! Il arrive à *l'inconnu*, et quand, affolé, il finirait par perdre l'intelligence de ses visions, il les a vues ! Qu'il crève dans son bondissement par les choses inouïes et innombrables : viendront d'autres horribles travailleurs ; ils commenceront par les horizons où l'autre s'est affaissé !

[...]

Arthur Rimbaud, lettre à Paul Demeny
datée du 15 mai 1871

Art poétique

À Charles Morice

De la musique avant toute chose,
Et pour cela préfère l'Impair
Plus vague et plus soluble dans l'air,
Sans rien en lui qui pèse ou qui pose.

Il faut aussi que tu n'ailles point
Choisir tes mots sans quelque méprise :
Rien de plus cher que la chanson grise
Où l'Indécis au Précis se joint.

C'est des beaux yeux derrière les voiles,
C'est le grand jour tremblant de midi,
C'est, par un ciel d'automne attiédi,
Le bleu fouillis des claires étoiles !

Car nous voulons la Nuance encor,
Pas la Couleur, rien que la nuance !
Oh ! la nuance seule fiance
Le rêve au rêve et la flûte au cor !

Fuis du plus loin la Pointe[1] assassine,
L'Esprit cruel et le Rire impur,

1. Vers surprenant, inattendu, souvent le dernier, qui transforme presque le sens du texte. Voir, par exemple, le dernier vers du sonnet de Benserade, « Sur Job »

Qui font pleurer les yeux de l'Azur,
Et tout cet ail de basse cuisine !

Prends l'éloquence et tords-lui son cou !
Tu feras bien, en train d'énergie[1],
De rendre un peu la Rime assagie.
Si l'on n'y veille, elle ira jusqu'où ?

Ô qui dira les torts de la Rime !
Quel enfant sourd ou quel nègre fou
Nous a forgé ce bijou d'un sou
Qui sonne creux et faux sous la lime ?

De la musique encore et toujours !
Que ton vers soit la chose envolée
Qu'on sent qui fuit d'une âme en allée
Vers d'autres cieux à d'autres amours.

Que ton vers soit la bonne aventure
Éparse au vent crispé du matin
Qui va fleurant la menthe et le thym...
Et tout le reste est littérature.

Paul Verlaine, *Jadis et Naguère,* 1884

1. Pendant que tu as de l'énergie.

Bon dieu de bon dieu...

Bon dieu de bon dieu que j'ai envie d'écrire un petit
[poème
Tiens en voilà justement un qui passe
Petit petit petit
viens ici que je t'enfile
sur le fil du collier de mes autres poèmes
viens ici que je t'entube
dans le comprimé de mes œuvres complètes
viens ici que je t'enpapouète
et que je t'enrime
et que je t'enrythme
et que je t'enlyre
et que je t'enpégase
et que je t'enverse
et que je t'enprose

la vache
il a foutu le camp

Raymond Queneau, « Pour un art poétique »,
L'instant fatal, 1948

Encore l'art po

C'est mon po – c'est mon po – mon poème
Que je veux – que je veux – éditer
Ah je l'ai – ah je l'ai – ah je l'aime
Mon popo – mon popo – mon pommier

Oui mon po – oui mon po – mon poème
C'est à pro – à propos – d'un pommier
Car je l'ai – car je l'ai – car je l'aime
Mon popo – mon popo – mon pommier

Il donn'des – il donn'des – des poèmes
Mon popo – mon popo – mon pommier
C'est pour ça – c'est pour ça – que je l'aime
La popo – la popomme – au pommier

Je la sucre – et j'y mets – de la crème
Sur la po – la popomme – au pommier
Et ça vaut – ça vaut bien – le poème
Que je vais – que je vais – éditer

Raymond Queneau, *Le Chien à la mandoline*, 1965

Bien placés bien choisis...

Bien placés bien choisis
quelques mots font une poésie
les mots il suffit qu'on les aime
pour écrire un poème
on sait pas toujours ce qu'on dit
lorsque naît la poésie
faut ensuite rechercher le thème
pour intituler le poème
mais d'autres fois on pleure on rit
en écrivant la poésie
ça a toujours kékchose d'extrême
un poème

Raymond Queneau, « Pour un art poétique »,
L'instant fatal, 1948

Un train qui siffle dans la nuit...

Un train qui siffle dans la nuit
C'est un sujet de poésie
Un train qui siffle en Bohême
C'est là le sujet d'un poème

Un train qui siffle mélod'
Ieusement c'est pour une ode
Un train qui siffle comme un sansonnet
C'est bien un sujet de sonnet

Et un train qui siffle comme un hérisson
Ça fait tout un poème épique
Seul un train sifflant dans la nuit
Fait un sujet de poésie

Raymond Queneau, « Pour un art poétique »,
L'instant fatal, 1948

La Poésie

Ça gratte
Ça démange
Ça fait irruption
D'un coup
LA POÉSIE
Ou bien
Ça lève lentement
Ça trotte dans la tête
Comme une petite bête
La pouaisie

Joël Sadeler, extrait de *L'Atelier de poésie*
de Pierre Coran, 1999

La parole

J'ai la beauté facile et c'est heureux.
Je glisse sur le toit des vents
Je glisse sur le toit des mers
Je suis devenue sentimentale
Je ne connais plus le conducteur
Je ne bouge plus soie sur les glaces
Je suis malade fleurs et cailloux
J'aime le plus chinois aux nues
J'aime la plus nue aux écarts d'oiseau
Je suis vieille mais ici je suis belle
Et l'ombre qui descend des fenêtres profondes
Épargne chaque soir le cœur noir de mes yeux.

Paul Eluard, « Répétitions »,
Capitale de la douleur, 1926

Petite Épître au roi

En m'ébattant[1] je fais rondeaux en rime,
Et en rimant bien souvent je m'enrime[2] ;
Bref, c'est pitié d'entre nous rimailleurs,
Car vous trouvez assez de rimes ailleurs,
Et quand vous plaît, mieux que moi rimassez.
Des biens avez et de la rime assez.
Mais moi, à tout ma rime[3] et ma rimaille,
Je ne soutiens (dont je suis marri[4]) maille[5].

Or ce, me dit (un jour) quelque rimart :
« Viens çà, Marot, trouves-tu en rime art
Qui serve aux gens, toi qui a rimassé ?
— Oui vraiment (réponds-je) Henri Macé ;
Car vois-tu bien, la personne rimante,
Qui au jardin de son sens la rime ente[6],
Si elle n'a des biens en rimoyant,
Elle prendra plaisir en rime oyant[7].
Et m'est avis que si je ne rimois,

1. En m'amusant.
2. Jeu de mot avec « je m'enrhume ».
3. Avec toutes mes rimes.
4. Désolé, triste ou fâché.
5. Toute petite pièce de monnaie.
6. Greffe, met en place.
7. En entendant des rimes ; « oyant » vient de « ouïr ».

Mon pauvre corps ne serait nourri mois,
Ni demi-jour. Car la moindre rimette,
C'est le plaisir, où faut que mon ris mette. »

Si[1] vous supplie, qu'à ce jeune rimeur
Fassiez avoir un jour par sa rime heur[2],
Afin qu'on die[3], en prose ou en rimant :
« Ce rimailleur, qui s'allait enrimant,
Tant rimassa, rima et rimonna,
Qu'il a connu quel bien par rime on a. »

Clément Marot, *L'Adolescence clémentine*, 1532
(Orthographe et ponctuation modernisées.)

1. Ainsi, c'est pourquoi.
2. Bonheur.
3. Afin qu'on dise.

À Calliope[1]

[...]
Chacun n'a pas les Muses en partage,
Et leur fureur[2] tout estomac ne poind[3] :
À qui le Ciel a fait tel avantage,
Vainqueur des ans son nom ne mourra point,
Durable est sa gloire,
Toujours la mémoire
Sans mourir le suit ;
Comme vent grand erre[4]
Par mer et par terre
S'écarte son bruit[5].

C'est toi qui fais que j'aime les fontaines
Tout éloigné du vulgaire ignorant,
Tirant mes pas sur les roches hautaines
Après les tiens que je vais adorant.
Tu es ma liesse,
Tu es ma déesse,

1. Muse de la poésie lyrique.
2. État particulier dans lequel se trouve le poète inspiré, comme emporté hors de lui-même.
3. Cette fureur atteint, touche (« poind ») non pas le cœur mais l'estomac, siège des sentiments.
4. Comme le vent, à grande vitesse.
5. Se répand sa renommée.

Tu es mes souhaits ;
Si rien je compose,
Si rien je dispose,
En moi tu le fais.
[...]

Pierre de Ronsard, *Les Quatre Premiers Livres des Odes*, 1584
(Orthographe et ponctuation modernisées.)

Maintenant je pardonne à la douce fureur

Maintenant je pardonne à la douce fureur[1],
Qui m'a fait consumer le meilleur de mon âge[2],
Sans tirer autre fruit de mon ingrat ouvrage,
Que le vain passe-temps d'une si longue erreur.

Maintenant je pardonne à ce plaisant labeur,
Puisque seul il endort le souci qui m'outrage,
Et puisque seul il fait qu'au milieu de l'orage
Ainsi qu'auparavant je ne tremble de peur.

Si les vers ont été l'abus de ma jeunesse,
Les vers seront aussi l'appui de ma vieillesse,
S'ils furent ma folie, ils seront ma raison,

S'ils furent ma blessure, ils seront mon Achille[3],
S'ils furent mon venin, le scorpion utile,
Qui sera de mon mal la seule guérison.

Joachim du Bellay, *Les Regrets*, 1558
(Orthographe et ponctuation modernisées.)

1. État particulier dans lequel se trouve le poète inspiré, comme emporté hors de lui-même.
2. Vie.
3. Remède. Achille, le héros grec, avait guéri la blessure qu'il avait lui-même infligée d'un coup de lance à Télèphe en appliquant sur la blessure un peu de la rouille de cette lance. Selon un oracle d'Apollon, « c'est ce qui a provoqué la blessure qui guérira Télèphe ». L'achillée est d'ailleurs une plante médicinale.

Discours à Pierre L'Escot[1], seigneur de Clany

[...]
Je fus souventes fois retancé[2] de mon père,
Voyant que j'aimais trop les deux filles d'Homère[3],
Et les enfants de ceux qui doctement ont su
Enfanter en papier ce qu'ils avaient conçu ;
Et me disait ainsi : « Pauvre sot, tu t'amuses
À courtiser en vain Apollon et les Muses.
Que te saurait donner ce beau chantre Apollon,
Qu'une lyre, un archet, une corde, un fredon[4],
Qui se répand au vent ainsi qu'une fumée,
Ou comme poudre[5] en l'air vainement consumée ?
Que te sauraient donner les Muses qui n'ont rien,
Sinon autour du chef[6] je ne sais quel lien
De myrte, de lierre ; ou d'une amorce vaine[7]
T'allécher tout un jour au bord d'une fontaine,
Ou dedans un vieil antre, afin d'y reposer

1. Ou Lescot ; architecte qui s'est notamment occupé du palais du Louvre, sous Henri II.
2. Grondé à nouveau ou plus fort.
3. Les deux œuvres d'Homère, *L'Iliade* et *L'Odyssée.*
4. Mélodie, air, chanson.
5. Poussière.
6. Tête. Le poète est souvent représenté avec une couronne de lauriers ou de lierre.
7. Appât qui attire en flattant et de façon illusoire.

Ton cerveau mal rassis, et béant[1] composer
Des vers qui te feront, comme plein de manie,
Appeler un bon fol en toute compagnie ?
« Laisse ce froid métier qui jamais en avant
N'a poussé l'artisan, tant fût-il bien savant,
Mais avec sa fureur qu'il appelle divine,
Meurt toujours accueilli d'une pâle famine.
Homère, que tu tiens si souvent en tes mains,
Qu'en ton cerveau malsain comme un dieu tu te peins,
N'eut jamais un liard[2] ; sa Troyenne vielle[3]
Et sa Muse qu'on dit qui eut la voix si belle
Ne le surent nourrir, et fallait que sa faim
D'huis en huis[4] mendiât le misérable pain.
[...]

Pierre de Ronsard, *Le Second Livre des poèmes, Les Œuvres*, 1560
(Orthographe et ponctuation modernisées.)

1. C'est le poète qui est « béant », c'est-à-dire bouche bée.
2. Toute petite pièce de monnaie.
3. Instrument de musique avec lequel s'accompagne le poète, ici Homère.
4. De porte en porte.

En cest sonet coind'e leri

En cest sonet coind'e leri
Fauc motz e capug e doli,
E serant verai e cert
...
Sur cet air gracieux et gai
Je fais des paroles et les rabote et les dole[1]
Elles seront exactes et sûres
Quand j'y aurai passé la lime.
Car l'Amour à l'instant polit et dore
Ma chanson, qui procède de celle
Qui protège et guide le Mérite

Chaque jour je m'améliore et me purifie,
Car je sers et révère la plus gentille dame
Du monde, je vous le dis franchement.
Je suis sien des pieds jusqu'à la tête,
Et bien que la froide bise vente,
L'amour qui ruisselle en mon cœur
Me tient chaud au plus fort de l'hiver.
[...]
À cause du tourment que j'endure
Je ne me détourne nullement de bien aimer,

1. Amincit ou aplanit avec un instrument tranchant. La doloire est une hache utilisée par les menuisiers et les tonneliers.

Quoique cela me retienne dans la solitude,
Car ainsi, sur ce thème, je dispose les mots pour la
[rime.
Je supporte pis en aimant qu'un homme qui travaille
[la terre,
Car oncques[1] davantage, fut-ce gros comme un œuf,
Le sire de Moncli n'aima Dame Audierne[2].

Je suis Arnaud qui amasse le vent
Et chasse le lièvre à l'aide du bœuf
Et nage contre le flux.

Arnaut Daniel, « Poésies Lavaud »

1. Jamais.
2. Le sire de Moncli et la dame Audierne sont probablement les personnages d'un roman d'amour.

J'ai vu le menuisier

J'ai vu le menuisier
Tirer parti du bois.

J'ai vu le menuisier
Comparer plusieurs planches.

J'ai vu le menuisier
Caresser la plus belle.

J'ai vu le menuisier
Approcher le rabot.

J'ai vu le menuisier
Donner la juste forme.

Tu chantais, menuisier,
En assemblant l'armoire.

Je garde ton image
Avec l'odeur du bois.

Moi j'assemble des mots
Et c'est un peu pareil.

Eugène Guillevic, *Terre à bonheur*

Outils posés sur une table

Mes outils d'artisan
sont vieux comme le monde
vous les connaissez
Je les prends devant vous :
verbes adverbes participes
pronoms substantifs adjectifs.

Ils ont su ils savent toujours
peser sur les choses
sur les volontés
éloigner ou rapprocher
réunir séparer
fondre ce qui est pour qu'en transparence
dans cette épaisseur
soient espérés ou redoutés
ce qui n'est pas, ce qui n'est pas encore,
ce qui est tout, ce qui n'est rien,
ce qui n'est plus.

Je les pose sur la table
Ils parlent tout seuls je m'en vais.

Jean Tardieu, *Formeries*, 1976

Dada manifeste sur l'amour faible et l'amour amer

[...]
VIII
Pour faire un poème dadaïste
Prenez un journal.
Prenez des ciseaux.
Choisissez dans ce journal un article ayant la longueur que vous comptez donner à votre poème.
Découpez l'article.
Découpez ensuite avec soin chacun des mots qui forment cet article et mettez-les dans un sac.
Agitez doucement.
Sortez ensuite chaque coupure l'une après l'autre.
Copiez consciencieusement
dans l'ordre où elles ont quitté le sac.
Le poème vous ressemblera.
Et vous voilà un écrivain infiniment original et d'une sensibilité charmante, encore qu'incomprise du vulgaire.
[...]

Tristan Tzara, *Sept manifestes Dada,* 1924

J'écrirai des poèmes

J'écrirai des poèmes
pour dire que le feu brûle
et que le chien s'endort

je dirai qu'il fait beau
que la joie est dans le silence autour de nous
le bonheur à portée de la main

il ne faut pas avoir peur des mots
il faut savoir
que la pomme est douce partagée en deux

et dire oui du fond des mains
à la colline aux arbres aux chemins
à ces doigts qui m'apprennent patiemment
à écrire la vérité

Jean Brianes, *Poèmes I*, 1964

Ce soir...

Ce soir
si j'écrivais un poème
pour la postérité ?

fichtre
la belle idée

je me sens sûr de moi
j'y vas
et
à
la
postérité
j'y dis merde et remerde
et reremerde

drôlement feintée
la postérité
qui attendait son poème

ah mais

Raymond Queneau, « Pour un art poétique »,
L'instant fatal, 1948

Soyez les poètes de votre vie

Soyez les poètes de votre vie.
Osez chaque jour
mettre du bleu dans votre regard,
et de l'orange à vos doigts,
des rires à votre gorge et surtout,
surtout une tendresse renouvelée
à chacun de vos gestes.

Jacques Salomé, *Bonjour Tendresse,* 1992
Avec l'aimable autorisation des Éditions Albin Michel.

Dites donc, un poète...

— Dites donc, un poète, à quoi ça sert ?
— Ça remplace les chiens par des licornes.
— Dites donc, ça n'a pas d'autres talents ?
— Il apporte le rêve
à ceux qui n'osent pas rêver.
— Vous trouvez ça utile, dites donc ?
— Quand il le veut, il persuade les comètes
de s'arrêter quelques moments chez vous.
— Il trouble l'ordre, dites donc, ce type-là.
— Pas plus qu'un vol de scarabées,
pas plus qu'un peu de neige sur l'épaule.
— Il est bon pour l'hospice, dites donc.
— Il le transformerait en palais de cristal,
avec mille musiques.
— Qu'on conduise à la fosse commune,
dites donc, ce poète.
— Alors décembre se prolongera
jusqu'à la fin de juin.

Alain Bosquet, *Je ne suis pas un poète d'eau douce*, 1977

Ailleurs

L'ailleurs c'est le voyage, le pays où l'imagination nous emporte, le rêve d'îles lointaines...
C'est aussi la douleur de l'exil, l'envie du retour, la solitude du proscrit...

Partir

Partir !
Aller n'importe où,
vers le ciel
ou vers la mer
vers la montagne
ou vers la plaine !
Partir !
Aller n'importe où,
vers le travail,
vers la beauté
ou vers l'amour !
Mais que ce soit avec une âme pleine
de rêves et de lumière
avec une âme pleine
de bonté de force et de pardon !

S'habiller de courage et d'espoir
et partir,
malgré les matins glacés
les midis de feu,
les soirs sans étoile.
Recommencer s'il le faut,
nos cœurs comme des voiles trouées,
arrachées

au mât des bateaux.
Mais partir !
Aller n'importe où
et malgré tout !
Mais accomplir une œuvre !
Et que l'œuvre choisie soit belle,
et qu'on y mette tout son cœur,
et qu'on lui donne toute sa vie.

Cécile Chabot

Souple mantique
et simples tics de glotte

[...]
voyage – la joie de voir de ses yeux, voilà – ailleurs – l'enjeu !
[...]
aventure (En voiture ! En avant ! Hue !)
[...]

Michel Leiris, *Langage Tangage*, 1985

L'Invitation au voyage

Mon enfant, ma sœur,
Songe à la douceur
D'aller là-bas vivre ensemble !
Aimer à loisir,
Aimer et mourir
Au pays qui te ressemble !
Les soleils mouillés
De ces ciels brouillés
Pour mon esprit ont les charmes
Si mystérieux
De tes traîtres yeux,
Brillant à travers leurs larmes.

Là, tout n'est qu'ordre et beauté,
Luxe, calme et volupté.

Des meubles luisants,
Polis par les ans,
Décoreraient notre chambre ;
Les plus rares fleurs
Mêlant leurs odeurs
Aux vagues senteurs de l'ambre[1],

1. Matière parfumée d'origine animale.

Les riches plafonds,
Les miroirs profonds,
La splendeur orientale,
Tout y parlerait
À l'âme en secret
Sa douce langue natale.

Là, tout n'est qu'ordre et beauté,
Luxe, calme et volupté.

Vois sur ces canaux
Dormir ces vaisseaux
Dont l'humeur est vagabonde ;
C'est pour assouvir
Ton moindre désir
Qu'ils viennent du bout du monde.
— Les soleils couchants
Revêtent les champs,
Les canaux, la ville entière,
D'hyacinthe[1] et d'or ;
Le monde s'endort
Dans une chaude lumière.

Là, tout n'est qu'ordre et beauté,
Luxe, calme et volupté.

Charles Baudelaire, *Les Fleurs du mal*, 1857

1. Pierre précieuse de couleur jaune orangé.

Départ

Un paquebot dans sa chaudière
Brûle les chaînes de la terre.

Mille émigrants sur les trois ponts
N'ont qu'un petit accordéon.

On hisse l'ancre, dans ses bras
Une sirène se débat

Et plonge en mer si offensée
Qu'elle ne se voit pas blessée.

Grandit la voix de l'Océan
Qui rend les désirs transparents.

Les mouettes font diligence[1]
Pour qu'on avance, qu'on avance.

Le large monte à bord, pareil
À un aveugle aux yeux de sel.

1. Se dépêchent.

Dans l'espace avide, il s'élève
Lentement au mât de misaine[1].

Jules Supervielle, « Large », *Gravitations*, 1925

1. Premier mât vertical à l'avant d'un bateau.

Brise marine

La chair est triste, hélas ! et j'ai lu tous les livres.
Fuir ! là-bas fuir ! Je sens que des oiseaux sont ivres
D'être parmi l'écume inconnue et les cieux !
Rien, ni les vieux jardins reflétés par les yeux
Ne retiendra ce cœur qui dans la mer se trempe
Ô nuits ! ni la clarté déserte de ma lampe
Sur le vide du papier que la blancheur défend,
Et ni la jeune femme allaitant son enfant.
Je partirai ! Steamer[1] balançant ta mâture,
Lève l'ancre pour une exotique nature !
Un Ennui, désolé par les cruels espoirs,
Croit encore à l'adieu suprême des mouchoirs !
Et, peut-être, les mâts, invitant les orages
Sont-ils de ceux qu'un vent penche sur les naufrages
Perdus, sans mâts, sans mâts, ni fertiles îlots...
Mais, ô mon cœur, entends le chant des matelots !

Stéphane Mallarmé (1866), *Poésies*, 1899
(édition posthume)

1. Bateau à vapeur.

Le pirate

Et lui dort-il sous les voiles
il écoute le vent son complice
il regarde la terre ferme son ennemie sans envie
et la boussole est près de son cœur immobile
Il court sur les mers
à la recherche de l'axe invisible du monde
Il n'y a pas de cris
pas de bruits
Des chiffres s'envolent
et la nuit les efface
Ce sont les étoiles sur l'ardoise du ciel
Elles surveillent les rivières qui coulent dans l'ombre
et les amis du silence les poissons
Mais ses yeux fixent une autre étoile
perdue dans la foule
tandis que les nuages passent doucement
plus forts que lui
lui
lui

Philippe Soupault, *Georgia-Épitaphes-Chansons*, 1926

Souple mantique
et simples tics de glotte

[...]
Pirate prêt aux pires rapts.
[...]

Michel Leiris, *Langage Tangage*, 1985

Îles

Îles
Îles
Îles où l'on ne prendra jamais terre
Îles où l'on ne descendra jamais
Îles couvertes de végétations
Îles tapies comme des jaguars
Îles muettes
Îles immobiles
Îles inoubliables et sans nom
Je lance mes chaussures par-dessus bord car
[je voudrais bien aller jusqu'à vous

Blaise Cendrars, *Feuilles de route* in *Poésies complètes*

L'escale

[...]
IV
L'Escale
C'est d'abord un bouton de rose sur la mer
Et qui s'ouvre en pétales,
Rare fleur au jardin de l'horizon désert,
Escale !

Je suis las de n'avoir pour compagnons de route
Que des nuages gris changeant à tout moment,
Je suis triste de vingt jours de mer et de doute
Sur le navire obscur qui n'a pas de printemps...

Penché sur le soleil incliné des tropiques,
Je cultive les fleurs légères des couchants,
Mais, jardinier leurré[1] de plantes chimériques,
Je les vois se faner sous la nuit ou le vent.

Escales des matins argentines et fraîches,
Ô fruits salins mûris par les soleils des mers,
Je veux mordre aux douceurs vivaces de vos chairs
Vous qui de loin avez le duvet bleu des pêches.

1. Trompé.

Je ne vois rien encore à l'horizon figé
Dans le cercle marin que nul phare ne troue,
Mais mon cœur devançant tout ce morne trajet,
A déjà vu trembler Santa-Cruz[1] à sa proue...

Jules Supervielle, *Poèmes*, 1919

1. Capitale de l'île de Ténériffe, dans l'archipel des Canaries.

Les Conquérants

Comme un vol de gerfauts[1] hors du charnier natal,
Fatigués de porter leurs misères hautaines,
De Palos de Moguer[2], routiers et capitaines
Partaient, ivres d'un rêve héroïque et brutal.

Ils allaient conquérir le fabuleux métal
Que Cipango[3] mûrit dans ses mines lointaines,
Et les vents alizés inclinaient leurs antennes[4]
Aux bords mystérieux du monde Occidental.

Chaque soir, espérant des lendemains épiques,
L'azur phosphorescent de la mer des Tropiques
Enchantait leur sommeil d'un mirage doré ;

Ou penchés à l'avant des blanches caravelles[5],
Ils regardaient monter en un ciel ignoré
Du fond de l'Océan des étoiles nouvelles.

José-Maria de Heredia, *Les Trophées*, 1893

1. Grands rapaces.
2. Port de départ de Christophe Colomb.
3. Le Japon, dont on imaginait qu'il était riche en or.
4. Pièces de bois qui portent les voiles d'un bateau.
5. Bateaux de la fin du Moyen-Âge, notamment utilisés par Christophe Colomb.

Emportez-moi

Emportez-moi dans une caravelle,
Dans une vieille et douce caravelle,
Dans l'étrave, ou si l'on veut, dans l'écume,
Et perdez-moi, au loin, au loin.

Dans l'attelage d'un autre âge.
Dans le velours trompeur de la neige.
Dans l'haleine de quelques chiens réunis.
Dans la troupe exténuée des feuilles mortes.

Emportez-moi sans me briser, dans les baisers,
Dans les poitrines qui se soulèvent et respirent,
Sur les tapis des paumes et leur sourire,
Dans les corridors des os longs et des articulations.

Emportez-moi, ou plutôt enfouissez-moi.

Henri Michaux, « Mes Propriétés », *La nuit remue*, 1929

Los Angeles

[...]
Gorge de nuages.
Torse de nuages.
Tous les métaux dans les nuages.
Casques d'acier.
Coulées de plomb.
Flaque de mercure.
Par une lucarne, un hublot de nuages, les gratte-ciel de
[Chicago.
Fumées du port.
Lac Michigan.
Traînées de pluie.
Un arc-en-ciel.
Une tache noire sur l'eau.

Soleil qui baisse.
Dessus les nuages.
Métaux de nuages.
Limaille de fer.
Sphères de fonte.
Lames de tôle.

Par un regard[1], par un oculus[2] de ces nuages, les grues
[et les usines de Détroit.
Fumées de houille.
Le lac Saint-Clair.
Le lac Erié.
Windsor au Canada.
Une traînée de pluie.
Le soleil.
Baisse sur nuages.
Métaux en nuages.
Poudre d'étain.
Fils de platine.
Filons de zinc.
Par un voyant, par une trappe des nuages les quais
[et les bassins de Montréal.
Gares et parcs.
Traînées de pluie.
Virage.
L'aérodrome.
Pistes luisantes.
[...]

Michel Butor, « Réseau aérien », *Anthologie nomade*, 1962

1. Ouverture destinée à faciliter les visites, les réparations, dans une canalisation, une machine à vapeur, un four, une cave.
2. Ouverture circulaire pratiquée dans une porte, une cloison.

Le Relais

En voyage, on s'arrête, on descend de voiture ;
Puis entre deux maisons on passe à l'aventure,
Des chevaux, de la route et des fouets étourdi,
L'œil fatigué de voir et le corps engourdi.

Et voici tout à coup, silencieuse et verte,
Une vallée humide et de lilas couverte,
Un ruisseau qui murmure entre les peupliers –
Et la route et le bruit sont bien vite oubliés !

On se couche dans l'herbe et l'on s'écoute vivre,
De l'odeur du foin vert à loisir on s'enivre,
Et sans penser à rien on regarde les cieux...
Hélas ! une voix crie : « En voiture, messieurs ! »

Gérard de Nerval, *Odelettes*, 1853

Ma Bohême. (Fantaisie)

Je m'en allais, les poings dans mes poches crevées ;
Mon paletot aussi devenait idéal ;
J'allais sous le ciel, Muse ! et j'étais ton féal[1] ;
Oh ! là ! là ! que d'amours splendides j'ai rêvées !

Mon unique culotte avait un large trou.
– Petit-Poucet rêveur, j'égrenais dans ma course
Des rimes. Mon auberge était la Grande-Ourse.
– Mes étoiles au ciel avaient un doux frou-frou

Et je les écoutais, assis au bord des routes,
Ces bons soirs de septembre où je sentais des gouttes
De rosée à mon front, comme un vin de vigueur[2] ;

Où, rimant au milieu des ombres fantastiques,
Comme des lyres, je tirais les élastiques
De mes souliers blessés, un pied près de mon cœur !

Arthur Rimbaud, 1870

1. Compagnon fidèle, partisan loyal.
2. Vin qui donnerait des forces.

La valise

Ma valise m'accompagne au massif de la Vanoise, et déjà ses nickels brillent et son cuir épais embaume. Je l'empaume, je lui flatte le dos, l'encolure et le plat. Car ce coffre comme un livre plein d'un trésor de plis blancs : ma vêture singulière, ma lecture familière et mon plus simple attirail, oui, ce coffre comme un livre est aussi comme un cheval, fidèle contre mes jambes, que je selle, je harnache, pose sur un petit banc, selle et bride, bride et sangle ou dessangle dans la chambre de l'hôtel proverbial.

Oui, au voyageur moderne sa valise en somme reste comme un reste de cheval.

Francis Ponge, *Pièces*, 1962

Avenue du Maine

Les manèges déménagent.
Manèges, ménageries, où ?... et pour quels voyages ?
Moi qui suis en ménage
Depuis... ah ! il y a bel âge !
De vous goûter, manèges,
Je n'ai plus... que n'ai-je ?...
L'âge.
Les manèges déménagent.
Ménager manager
De l'avenue du Maine
Qui ton manège mène
Pour mener ton ménage !
Ménage ton manège
Manège ton manège.
Manège ton manège
Manège ton ménage
Mets des ménagements
Au déménagement.
Les manèges déménagent.
Ah ! vers quels mirages ?
Dites pour quels voyages
Les manèges déménagent.

Max Jacob, *Saint-Matorel*, 1911

Déménager

Quitter un appartement. Vider les lieux. Décamper.
Faire place nette. Débarrasser le plancher.
Inventorier ranger classer trier
Éliminer jeter fourguer
Casser
Brûler
Descendre desceller déclouer décoller dévisser décrocher
Débrancher détacher couper trier démonter plier couper
Rouler
Empaqueter emballer sangler nouer empiler
rassembler entasser ficeler envelopper protéger
[recouvrir entourer serrer
Enlever porter soulever
Balayer
Fermer
Partir

Georges Perec, *Espèces d'espaces*, 1974

Le Rat et l'Huître

Un rat, hôte d'un champ, rat de peu de cervelle,
Des lares[1] paternels un jour se trouva sou[2].
Il laisse là le champ, le grain, et la javelle[3],
Va courir le pays, abandonne son trou.
Sitôt qu'il fut hors de la case :
« Que le monde, dit-il, est grand et spacieux !
Voilà les Apennins et voici le Caucase. »
La moindre taupinée était mont à ses yeux.
Au bout de quelques jours, le voyageur arrive
En un certain canton où Téthys[4] sur la rive
Avait laissé mainte huître : et notre Rat d'abord
Crut voir, en les voyant, des vaisseaux de haut bord.
« Certes, dit-il, mon père était un pauvre sire :
Il n'osait voyager, craintif au dernier point.
Pour moi, j'ai déjà vu le maritime empire ;
J'ai passé les déserts, mais nous n'y bûmes point. »
D'un certain magister[5] le Rat tenait ces choses,
Et les disait à travers champs,
N'étant pas de ces rats qui, les livres rongeants,

1. Dieux protecteurs de la maison.
2. Soûlé, en eut assez de la maison.
3. Tiges de blé coupées.
4. Divinité marine.
5. Maître, professeur.

Se font savants jusques aux dents.
Parmi tant d'huîtres toutes closes
Une s'était ouverte ; et, bâillant au soleil,
Par un doux zéphyr réjouie,
Humait l'air, respirait, était épanouie,
Blanche, grasse, et d'un goût, à la voir nompareil.
D'aussi loin que le Rat voit cette Huître qui bâille :
« Qu'aperçois-je ? dit-il, c'est quelque victuaille ;
Et, si je ne me trompe à la couleur du mets,
Je dois faire aujourd'hui bonne chère, ou jamais. »
Là-dessus, maître Rat, plein de belle espérance,
Approche de l'écaille, allonge un peu le cou,
Se sent pris comme aux lacs[1], car l'Huître tout d'un
[coup
Se referme : et voilà ce que fait l'ignorance.

Cette fable contient plus d'un enseignement :
Nous y voyons premièrement
Que ceux qui n'ont du monde aucune expérience
Sont, aux moindres objets, frappés d'étonnement ;
Et puis nous y pouvons apprendre
Que tel est pris qui croyait prendre.

Jean de La Fontaine, *Fables*, Livre VIII, 1678

1. Lacets, cordes pour prendre au piège.

En regardant vers le pays de France

En regardant vers le pays de France[1],
Un jour m'advint à Douvres sur la mer
Qu'il me souvint de la douce plaisance
Que soulais[2] au dit pays trouver.
Si commençai de cœur à soupirer,
Combien certes que grand bien me faisait[3]
De voir France que mon cœur aimer doit.

Je m'avisai que c'était non-savance[4]
De tels soupirs dedans mon cœur garder,
Vu que je vois que la voie commence
De bonne paix, qui tous biens peut donner.
Pour ce tournai en confort mon penser[5],
Mais, non pourtant mon cœur ne se lassait
De voir France que mon cœur aimer doit.

Alors chargeai en la nef d'Espérance
Tous mes souhaits, en leur priant d'aller

1. Charles d'Orléans est resté vingt-cinq ans prisonnier en Angleterre. Voir la biographie.
2. Avait l'habitude.
3. Bien que cela me fasse beaucoup de bien.
4. Folie.
5. J'eus en ma pensée du réconfort.

Outre la mer, sans faire demeurance[1],
Et à France de me recommander.
Or nous donne Dieu bonne paix sans tarder !
Adonc aurai loisir, mais qu'ainsi soit[2],
De voir France que mon cœur aimer doit.

L'envoi
Paix est trésor qu'on ne peut trop louer.
Je hais guerre, point ne la dois priser ;
Destourbé[3] m'a longtemps, soit tort ou droit,
De voir France que mon cœur aimer doit.

Charles d'Orléans, *Ballades*, vers 1450
(Orthographe et ponctuation modernisées.)

1. Sans tarder.
2. J'aurai alors du temps (« loisir »), mais pourvu qu'il en soit ainsi.
3. Empêché.

France mère des arts, des armes et des lois

France mère des arts, des armes et des lois,
Tu m'as nourri longtemps du lait de ta mamelle :
Ores[1], comme un agneau qui sa nourrice appelle,
Je remplis de ton nom les antres et les bois.

Si tu m'as pour enfant avoué[2] quelquefois,
Que ne me réponds-tu maintenant, ô cruelle ?
France, France, réponds à ma triste querelle[3] :
Mais nul, sinon Écho[4], ne répond à ma voix.

Entre les loups cruels j'erre parmi la plaine,
Je sens venir l'hiver, de qui la froide haleine
D'une tremblante horreur fait hérisser ma peau.

Las[5], tes autres agneaux n'ont faute de pâture,
Ils ne craignent le loup, le vent, ni la froidure :
Si[6] ne suis-je pourtant le pire du troupeau.

Joachim du Bellay, *Les Regrets*, 1558
(Orthographe et ponctuation modernisées.)

1. Maintenant.
2. Reconnu.
3. Plainte.
4. Nymphe.
5. Hélas.
6. Cependant.

Heureux qui, comme Ulysse, a fait un beau voyage

Heureux qui, comme Ulysse, a fait un beau voyage,
Ou comme cestuy-là[1] qui conquit la toison[2],
Et puis est retourné, plein d'usage et raison,
Vivre entre ses parents le reste de son âge[3] !

Quand reverrai-je, hélas, de mon petit village
Fumer la cheminée, et en quelle saison,
Reverrai-je le clos de ma pauvre maison,
Qui m'est une province, et beaucoup davantage ?

Plus me plaît le séjour qu'ont bâti mes aïeux,
Que des palais romains le front audacieux,
Plus que le marbre dur me plaît l'ardoise fine :

Plus mon Loire[4] gaulois, que le Tibre latin,
Plus mon petit Liré[5], que le mont Palatin[6],
Et plus que l'air marin la douceur angevine.

Joachim du Bellay, *Les Regrets*, 1558
(Orthographe et ponctuation modernisées.)

1. Celui-là.
2. Périphrase désignant Jason.
3. Vie.
4. Le nom des fleuves était masculin en latin.
5. Village natal de Du Bellay.
6. Colline de Rome.

Puisque le juste est dans l'abîme[1]

Puisque le juste est dans l'abîme,
Puisqu'on donne le sceptre au crime,
Puisque tous les droits sont trahis,
Puisque les plus fiers restent mornes,
Puisqu'on affiche au coin des bornes
Le déshonneur de mon pays ;

Ô République de nos pères,
Grand Panthéon plein de lumières,
Dôme d'or dans le libre azur,
Temple des ombres immortelles,
Puisqu'on vient avec des échelles
Coller l'empire sur ton mur ;

Puisque toute âme est affaiblie,
Puisqu'on rampe, puisqu'on oublie
Le vrai, le pur, le grand, le beau,
Les yeux indignés de l'histoire,

1. Ce poème fait allusion au coup d'État du 2 décembre 1851 qui a mis fin à la deuxième République (Hugo était alors député) et porté Louis-Napoléon Bonaparte, neveu de Napoléon, au pouvoir. Ce sera le Second Empire. Hugo s'exilera, d'abord en Belgique puis à Jersey et Guernesey. Il ne retournera en France qu'à la chute de l'Empire, en 1870.

L'honneur, la loi, le droit, la gloire,
Et ceux qui sont dans le tombeau ;

Je t'aime, exil ! douleur, je t'aime !
Tristesse, sois mon diadème.
Je t'aime, altière pauvreté !
J'aime ma porte aux vents battue.
J'aime le deuil, grave statue
Qui vient s'asseoir à mon côté.

J'aime le malheur qui m'éprouve ;
Et cette ombre où je vous retrouve,
Ô vous à qui mon cœur sourit,
Dignité, foi, vertu voilée,
Toi, liberté, fière exilée,
Et toi, dévouement, grand proscrit !

J'aime cette île solitaire,
Jersey, que la libre Angleterre
Couvre de son vieux pavillon,
L'eau noire, par moments accrue,
Le navire, errante charrue,
Le flot, mystérieux sillon.

J'aime ta mouette, ô mer profonde,
Qui secoue en perles ton onde
Sur son aile aux fauves couleurs,
Plonge dans les lames géantes,

Et sort de ces gueules béantes
Comme l'âme sort des douleurs !

J'aime la roche solennelle
D'où j'entends la plainte éternelle,
Sans trêve comme le remords,
Toujours renaissant dans les ombres,
Des vagues sur les écueils sombres,
Des mères sur leurs enfants morts.

Jersey, décembre 1852

Victor Hugo, *Les Châtiments,* 1853

La révolte

Poésie des révoltes en tous genres : blâmer les sots, les flatteurs, les menteurs, se moquer des vieux beaux et des vieilles belles, ne pas supporter l'indifférence, les mauvais princes, la souffrance, la violence faite aux humbles et aux faibles...
Être contre, et aussi, être pour la justice et la liberté...

Les Tragiques

Livre II, Princes

[...]

Flatteurs, je vous en veux, je commence par vous
À déployer les traits de mon juste courroux,
Serpents qui retirés de mortelles froidures,
Tirés de pauvretés, élevés des ordures
Dans le sein des plus grands, ne sentez leur chaleur
Plus tôt que vous piquez de venin sans douleur[1]
Celui qui vous nourrit, celui qui vous appuie :
Vipéreaux, vous tuez qui vous donne la vie !
Princes, ne prêtez pas le côté aux flatteurs :
Ils entrent finement, ils sont subtils quêteurs[2],
Ils ne prennent aucun que celui qui se donne ;
À peine de leurs lacs[3] vois-je sauver personne ;
Mêmes en les fuyant nous en sommes déçus[4],
Et, bien que repoussés, souvent ils sont reçus.

[...]

Voilà comment le Diable est fait par eux[5] un ange,
Au chantre et au chanté vergogneuse[6] louange !

1. Dès que vous sentez leur chaleur, vous piquez celui qui...
2. Avocats ; ils argumentent avec subtilité.
3. Lacets, cordes pour prendre au piège.
4. Trompés.
5. Les flatteurs.
6. Honteuse.

Nos princes sont loués, loués et vicieux ;
L'écume de leur pus leur monte jusqu'aux yeux
Plus tôt qu'ils n'ont du mal quelque voix véritable :
Moins vaut l'utile vrai que le faux agréable,
Sur la langue d'aucun à présent n'est porté
Cet épineux fardeau qu'on nomme vérité.

Théodore Agrippa d'Aubigné, *Les Tragiques*, 1616
(Orthographe et ponctuation modernisées.)

Je fus jadis Hercule, or Pasquin je me nomme

Je fus jadis Hercule, or Pasquin[1] je me nomme,
Pasquin fable du peuple, et qui fais toutefois
Le même office encor que j'ai fait autrefois,
Vu qu'ores par mes vers tant de monstres j'assomme.

Aussi mon vrai métier, c'est de n'épargner homme,
Mais les vices chanter d'une publique voix :
Et si ne puis encor, quelque fort que je sois,
Surmonter la fureur de cette Hydre de Rome.

J'ai porté sur mon col le grand palais des dieux,
Pour soulager Atlas, qui sous le faix[2] des cieux
Courbait las et recru[3] sa grande échine large.

1. Statue située place Navone à Rome, sur laquelle étaient affichés des écrits moqueurs, des « pasquinades ».
2. Fardeau, charge.
3. Fatigué, épuisé.

Ores au lieu du ciel, je porte sur mon dos
Un gros moine espagnol[1], qui me froisse les os,
Et me poise[2] trop plus que ma première charge.

Joachim du Bellay, *Les Regrets*, 1558
(Orthographe et ponctuation modernisées.)

1. Quelqu'un dont Du Bellay cherche à se moquer, peut-être le cardinal Don Alvarez de Tolède.
2. Pèse.

Ô trois et quatre fois malheureuse la terre

Ô trois et quatre fois malheureuse la terre,
Dont le prince ne voit que par les yeux d'autrui,
N'entend que par ceux-là, qui répondent pour lui,
Aveugle, sourd, et muet, plus que n'est une pierre !

Tels sont ceux-là[1] (Seigneur) qu'aujourd'hui l'on resserre
Oisifs dedans leur chambre, ainsi qu'en un étui,
Pour durer plus longtemps, et ne sentir l'ennui,
Que sent leur pauvre peuple accablé de la guerre.

Ils se paissent enfants[2] de trompes et canons,
De fifres, de tambours, d'enseignes, gonfanons[3],
Et de voir leur province aux ennemis en proie.

Tel était cestui-là[4], qui du haut d'une tour,
Regardant ondoyer la flamme tout autour,
Pour se donner plaisir chantait le feu de Troie.

Joachim du Bellay, *Les Regrets*, 1558
(Orthographe et ponctuation modernisées.)

1. Princes que l'on enferme (« resserre ») dans leur chambre.
2. Comme des enfants.
3. Étendards, petits drapeaux au bout d'une lance.
4. Néron, qui a regardé brûler Rome en faisant des vers.

Satire, contre une dame

Sèche pièce de bois, triste ordonnance d'os,
Ventre maigre et fleuri, vieux râtelier[1] du dos,
Portrait vif de la mort, portrait mort de la vie,
Fantôme qui paraît sous un masque trompeur,
Qui fait craindre la crainte, et fait peur à la peur,
Et détourne l'envie, à la même une envie ;

Maigre défiguré qui n'a rien que la peau,
Encores une peau qui n'est que de drapeau,
Une peau qui se fronce en cent rides altières[2],
Une peau dont le teint, tout cuit et tout hâlé[3],
Ressemble, épouvantable, au parchemin collé
Dessus un test[4] de mort, qu'on trouve aux cimetières ;

Charogne sans couleurs, dépouille du tombeau,
Carcasse déterrée, atteinte d'un corbeau,
Semblable aux visions que nous a fait le somme :
Tu es quelque vieux corps dans la neige fondu,
Ou un corps de sorcier à un gibet pendu,
Qu'un démon a vêtu pour faire peur à l'homme !

1. Pièce de bois avec des crochets, qui sert à suspendre des choses.
2. Orgueilleuses, fières.
3. Bronzé.
4. Tête.

Si quelqu'un, transporté d'un courroux violent,
Te mettait dans le ventre un flambeau tout ardent,
Pour faire de ton corps une épreuve nouvelle :
Au travers de ton flanc on verrait la clarté,
Comme dans un falot[1], parmi l'obscurité,
Au travers d'une corne on voit une chandelle.

Charles-Timoléon de Sigogne, *Les Délices satiriques*, 1620
(Orthographe et ponctuation modernisées.)

1. Lanterne.

Sur Lamotte-Houdart

Ce monde-ci n'est qu'une œuvre comique
Où chacun joue des rôles différents.
Là, sur la scène en habit dramatique,
Brillent prélats[1], ministres, conquérants.
Par nous, vil peuple, assis aux derniers rangs,
Troupe futile et des grands rebutée[2],
Par nous, d'en bas, la pièce est écoutée.
Mais nous payons, utiles spectateurs ;
Et quand la farce est mal représentée,
Pour notre argent nous sifflons les acteurs.

Jean-Baptiste Rousseau, *Épigrammes, Œuvres*, 1712

1. Dignitaires de l'Église, évêques, cardinaux...
2. Que les grands rejettent et méprisent.

L'autre jour, au fond d'un vallon

L'autre jour, au fond d'un vallon
Un serpent piqua Jean Fréron[1].
Que pensez-vous qu'il arriva ?
Ce fut le serpent qui creva.

Voltaire

1. Auteur contemporain de Voltaire, adversaire de celui-ci et des « Philosophes » en général.

Défense de La Harpe

Non, La Harpe[1] au serpent n'a jamais ressemblé ;
Le serpent siffle, et La Harpe est sifflé.

Ponce-Denis-Écouchard Lebrun, *Épigrammes, Œuvres*, 1811 (édition posthume)

1. Auteur et critique littéraire du XVIIIe siècle.

Le Lion, le Loup et le Renard

Un Lion, décrépit[1], goutteux, n'en pouvant plus,
Voulait que l'on trouvât remède à la vieillesse.
Alléguer l'impossible[2] aux rois, c'est un abus.
Celui-ci parmi chaque espèce
Manda des médecins ; il en est de tous arts.
Médecins au Lion viennent de toutes parts ;
De tous côtés lui vient des donneurs de recettes.
Dans les visites qui sont faites,
Le Renard se dispense et se tient clos et coi[3].
Le Loup en fait sa cour, daube[4], au coucher du Roi,
Son camarade absent. Le Prince tout à l'heure
Veut qu'on aille enfumer Renard dans sa demeure,
Qu'on le fasse venir. Il vient, est présenté ;
Et, sachant que le Loup lui faisait cette affaire :
« Je crains, Sire, dit-il, qu'un rapport peu sincère
Ne m'ait à mépris imputé
D'avoir différé cet hommage ;
Mais j'étais en pèlerinage
Et m'acquittais d'un vœu fait pour votre santé.
Même j'ai vu dans mon voyage

1. Très affaibli par la vieillesse.
2. Utiliser comme argument le fait que c'est impossible.
3. Sans rien faire et sans rien dire.
4. Dit du mal de quelqu'un, ici du Renard.

Gens experts et savants, leur ai dit la langueur[1]
Dont Votre Majesté craint, à bon droit, la suite.
Vous ne manquez que de chaleur ;
Le long âge en vous l'a détruite.
D'un loup écorché vif appliquez-vous la peau
Toute chaude et toute fumante ;
Le secret sans doute en est beau
Pour la nature défaillante,
Messire Loup vous servira,
S'il vous plaît, de robe de chambre. »
Le Roi goûte cet avis-là :
On écorche, on taille, on démembre
Messire Loup. Le Monarque en soupa,
Et de sa peau s'enveloppa.

Messieurs les courtisans, cessez de vous détruire ;
Faites, si vous pouvez, votre cour sans vous nuire.
Le mal se rend chez vous au quadruple du bien.
Les daubeurs ont leur tour d'une ou d'autre manière :
Vous êtes dans une carrière
Où l'on ne se pardonne rien.

Jean de La Fontaine, *Fables*, Livre VIII, 1678

1. Faiblesse, épuisement.

Fable ou histoire[1]

Un jour, maigre et sentant un royal appétit,
Un singe d'une peau de tigre se vêtit.
Le tigre avait été méchant, lui fut atroce.
Il avait endossé le droit d'être féroce.
Il se mit à grincer des dents, criant : je suis
Le vainqueur des halliers[2], le roi sombre des nuits !
Il s'embusqua, brigand des bois, dans les épines ;
Il entassa l'horreur, le meurtre, les rapines,
Égorgea les passants, dévasta la forêt,
Fit tout ce qu'avait fait la peau qui le couvrait.
Il vivait dans un antre, entouré de carnage.
Chacun, voyant la peau, croyait au personnage.
Il s'écriait, poussant d'affreux rugissements :
Regardez, ma caverne est pleine d'ossements ;
Devant moi tout recule et frémit, tout émigre,
Tout tremble ; admirez-moi, voyez, je suis un tigre !
Les bêtes l'admiraient, et fuyaient à grands pas.
Un belluaire[3] vint, le saisit dans ses bras,

1. Ce poème est à replacer dans le contexte du recueil. Hugo y attaque la personne de Napoléon III, responsable du coup d'État de décembre 1851 qui a mis fin à la Deuxième République.
2. Buissons touffus, sortes de maquis où un brigand, par exemple, pourrait se cacher.
3. Gladiateur qui se bat contre des bêtes sauvages.

Déchira cette peau comme on déchire un linge,
Mit à nu ce vainqueur, et dit : tu n'es qu'un singe !

Jersey, septembre 1852

Victor Hugo, *Les Châtiments*, 1853

Melancholia

[...]
Où vont tous ces enfants dont pas un seul ne rit ?
Ces doux êtres pensifs que la fièvre maigrit ?
Ces filles de huit ans qu'on voit cheminer seules ?
Ils s'en vont travailler quinze heures sous des meules[1] ;
Ils vont, de l'aube au soir, faire éternellement
Dans la même prison le même mouvement.
Accroupis sous les dents d'une machine sombre,
Monstre hideux qui mâche on ne sait quoi dans l'ombre,
Innocents dans un bagne, anges dans un enfer,
Ils travaillent. Tout est d'airain[2], tout est de fer.
Jamais on ne s'arrête et jamais on ne joue.
Aussi quelle pâleur ! la cendre est sur leur joue.
Il fait à peine jour, ils sont déjà bien las.
Ils ne comprennent rien à leur destin, hélas !
Ils semblent dire à Dieu : « Petits comme nous sommes,
« Notre père, voyez ce que nous font les hommes ! »
Ô servitude[3] infâme imposée à l'enfant !
[...]

Victor Hugo, *Les Contemplations*, 1856

1. Pierres qui servent à broyer le grain ou à aiguiser, donner une forme.
2. Nom poétique du bronze, alliage dont on fait les statues.
3. Esclavage.

Les Effarés[1]

Noirs dans la neige et dans la brume
Au grand soupirail[2] qui s'allume
Leur culs en rond

À genoux, cinq petits – misère ! –
Regardent le Boulanger faire
Le lourd pain blond

Ils voient le fort bras blanc qui tourne
La pâte grise et qui l'enfourne
Dans un trou clair.

Ils écoutent le bon pain cuire.
Le Boulanger au gras sourire
Grogne un vieil air.

Ils sont blottis, pas un ne bouge,
Au souffle du soupirail rouge
Chaud comme un sein.

1. Troublés, désorientés.
2. Ouverture servant à aérer et apporter un peu de lumière aux parties inférieures des maisons, les caves par exemple.

Quand pour quelque médianoche[1],
Façonné comme une brioche
On sort le pain,

Quand, sous les poutres enfumées,
Chantent les croûtes parfumées
Et les grillons,

Quand ce trou chaud souffle la vie
Ils ont leur âme si ravie
Sous leurs haillons,

Ils se ressentent si bien vivre
Les pauvres Jésus pleins de givre,
Qu'ils sont là tous,

Collant leurs petits museaux roses
Au treillage[2], grognant des choses
Entre les trous,

Tout bêtes, faisant leurs prières
Et repliés vers ces lumières
Du ciel rouvert,

1. Repas pris après minuit, comme le soir du réveillon de Noël.
2. Morceaux de bois entrecroisés qui empêchent de passer par le soupirail.

Si fort, qu'ils crèvent leur culotte
Et que leur lange blanc tremblotte
Au vent d'hiver.

Arthur Rimbaud, 1870

Premières impressions

Le mal, c'est le rythme des autres.
[...]
Contre Versailles
Contre Chopin
Contre l'Alexandrin
Contre Rome
Contre Rome
Contre le juridique
Contre le théologique
Contre Rome
Tam-tam à la critique
Tam-tam broiement
Tam-tam toupie
debout le dos tourné à la tombe
sans dynastie sans évêché
sans tutélaires sans paralyseurs
sans caresses sans s'incliner
Tam-tam de la poitrine de la terre
Tam-tam des hommes le cœur semblable à des coups
[de poing
Contre Bossuet[1]
Contre l'analyse

1. Évêque de Meaux, important auteur religieux de l'époque de Louis XIV.

Contre la chaire de Vérité
Pour casser
Pour contrer
Pour contrecarrer
Pour pilonner
Pour accélérer
Pour précipiter
Pour jeter à bas
Pour quitter le chantier
Pour rire dans le brasier
Pour dévaler
Pour dévaler
Contre la harpe
Contre les sœurs de la harpe
Contre les draperies
Pour dévaler
Pour dévaler
Pour dévaler
Pour dévaler

Contre le Nombre d'Or[1].

Henri Michaux, *Passages*, 1950

1. Le nombre d'or était très important pour les artistes et les architectes, définissant des rapports géométriques qu'on jugeait parfaits.

Solde

Pour Aimé Césaire

J'ai l'impression d'être ridicule
dans leurs souliers
dans leur smoking
dans leur plastron
dans leur faux-col
dans leur monocle
dans leur melon[1]

J'ai l'impression d'être ridicule
avec mes orteils qui ne sont pas faits
pour transpirer du matin jusqu'au soir qui déshabille
avec l'emmaillotage qui m'affaiblit les membres
et enlève à mon corps sa beauté de cache-sexe

J'ai l'impression d'être ridicule
avec mon cou en cheminée d'usine
avec ces maux de tête qui cessent
chaque fois que je salue quelqu'un

1. Chapeau de forme ronde et bombée, qui allait avec une tenue sérieuse.

J'ai l'impression d'être ridicule
dans leurs salons
dans leurs manières
dans leurs courbettes
dans leur multiple besoin de singeries

J'ai l'impression d'être ridicule
avec tout ce qu'ils racontent
jusqu'à ce qu'ils vous servent l'après-midi
un peu d'eau chaude
et des gâteaux enrhumés

J'ai l'impression d'être ridicule
avec les théories qu'ils assaisonnent
au goût de leurs besoins
de leurs passions
de leurs instincts ouverts la nuit
en forme de paillasson

J'ai l'impression d'être ridicule
parmi eux complice
parmi eux souteneur
parmi eux égorgeur
les mains effroyablement rouges
du sang de leur ci-vi-li-sa-tion

Léon-Gontran Damas, *Pigments-Névralgies*

Tentative de description d'un dîner de têtes à Paris-France

Ceux qui pieusement...
Ceux qui copieusement...
Ceux qui tricolorent
Ceux qui inaugurent
Ceux qui croient
Ceux qui croient croire
Ceux qui croa-croa
Ceux qui ont des plumes
Ceux qui grignotent
Ceux qui andromaquent
Ceux qui dreadnoughtent
Ceux qui majusculent
Ceux qui chantent en mesure
Ceux qui brossent à reluire
Ceux qui ont du ventre
Ceux qui baissent les yeux
Ceux qui savent découper le poulet
Ceux qui sont chauves à l'intérieur de la tête
Ceux qui bénissent les meutes
Ceux qui ont les honneurs du pied
Ceux qui debout les morts
Ceux qui baïonnette... on
Ceux qui donnent des canons aux enfants

[...]
Le soleil brille pour tout le monde, il ne brille pas dans
les prisons, il ne brille pas pour ceux qui travaillent
[dans la mine,
ceux qui écaillent le poisson
ceux qui mangent la mauvaise viande
ceux qui fabriquent les épingles à cheveux
ceux qui soufflent vides les bouteilles que d'autres
[boiront pleines
ceux qui coupent le pain avec leur couteau
ceux qui passent leurs vacances dans les usines
ceux qui ne savent pas ce qu'il faut dire
ceux qui traient les vaches et ne boivent pas le lait
ceux qu'on n'endort pas chez le dentiste
ceux qui crachent leurs poumons dans le métro
ceux qui fabriquent dans les caves les stylos avec
lesquels d'autres écriront en plein air que tout va pour
[le mieux
ceux qui en ont trop à dire pour pouvoir le dire
ceux qui ont du travail
ceux qui n'en ont pas
ceux qui en cherchent
ceux qui n'en cherchent pas
ceux qui donnent à boire aux chevaux
ceux qui regardent leur chien mourir
ceux qui ont le pain quotidien relativement hebdomadaire
ceux qui l'hiver se chauffent dans les églises
ceux que le suisse envoie se chauffer dehors

ceux qui croupissent
ceux qui voudraient manger pour vivre
ceux qui voyagent sous les roues
ceux qui regardent la Seine couler
ceux qu'on engage, qu'on remercie, qu'on augmente,
qu'on diminue, qu'on manipule, qu'on fouille, qu'on
[assomme
ceux dont on prend les empreintes
ceux qu'on fait sortir des rangs au hasard et qu'on fusille
ceux qu'on fait défiler devant l'arc
ceux qui ne savent pas se tenir dans le monde entier
ceux qui n'ont jamais vu la mer
ceux qui sentent le lin parce qu'ils travaillent le lin
ceux qui n'ont pas l'eau courante
ceux qui sont voués au bleu horizon
ceux qui jettent le sel sur la neige moyennant
[un salaire absolument dérisoire
ceux qui vieillissent plus vite que les autres
ceux qui ne se sont pas baissés pour ramasser l'épingle
ceux qui crèvent d'ennui le dimanche après-midi
parce qu'ils voient venir le lundi
et le mardi, et le mercredi, et le jeudi, et le vendredi,
et le samedi
et le dimanche après-midi.

1931

Jacques Prévert, *Paroles*, 1945

Vous avez peur de nous

Vous avez peur de nous
nous on a peur de vous
vous n'aimez pas notre queue
on n'aime pas vos yeux
mais il faut qu'on mange
comme vous
il faut qu'on aime
comme vous
il faut qu'on ait chaud
comme vous
quand sortirons-nous
de ce conte de fous ?

Michel Besnier, *Le Rap des rats*, 1999

On en a ras le bol

On en a ras le bol
nous les rats
d'être symboles
du choléra
de la peste
et du reste

Hiroshima
c'est pas nous
le Rwanda
c'est pas nous
la vache fada
c'est pas nous
la grippe du poulaga
c'est pas nous
l'air cracra
c'est pas nous

Michel Besnier, *Le Rap des* rats, 1999

Tant de forêts...

Tant de forêts arrachées à la terre
et massacrées
achevées
rotativées

Tant de forêts sacrifiées pour la pâte à papier
des milliards de journaux attirant annuellement l'attention des lecteurs sur les dangers du déboisement des bois et des forêts.

Jacques Prévert, *La pluie et le beau temps*, 1955

Le temps haletant

Émerveillée de tout ne s'étonnant jamais de rien
une fillette chantait
suivant les saisons suivant son chemin

Quand les oignons me feront rire
les carottes me feront pleurer
l'âne de l'alphabet a su m'apprendre à lire
à lire pour de vrai

Mais une manivelle a défait le printemps
et des morceaux de glace lui ont sauté à la figure

J'ai trop de larmes pour pleurer
ils font la guerre à la nature
moi qui tutoyais le soleil
je n'ose plus le regarder en face.

Jacques Prévert, *La pluie et le beau temps*, 1955

Je ne parlerai pas des arbres

À Jean-Marie Barnaud

Je ne parlerai pas des arbres
ni de la nuit bruissant
dans la paume du ciel
ni des rivages ourlés[1] par la lumière

tant qu'un homme
avouera sa douleur
de n'avoir faim
que de pain et d'eau

tant qu'une femme
tirera des ruines
pour chercher son enfant

tant qu'un jour se lèvera
sur le front noir
d'un fusillé

je ne parlerai pas
des arbres

Jean-Pierre Siméon, *Sans frontières fixes*, collection « Poèmes pour grandir »

1. Délimités, comme le ferait un ourlet.

Strophes pour se souvenir

1955

Vous n'avez réclamé la gloire ni les larmes
Ni l'orgue ni la prière aux agonisants
Onze ans déjà que cela passe vite onze ans
Vous vous étiez servi simplement de vos armes
La mort n'éblouit pas les yeux des Partisans

Vous aviez vos portraits sur les murs de nos villes
Noirs de barbe et de nuit hirsutes menaçants
L'affiche[1] qui semblait une tache de sang
Parce qu'à prononcer vos noms sont difficiles
Y cherchait un effet de peur sur les passants

Nul ne semblait vous voir Français de préférence
Les gens allaient sans yeux pour vous le jour durant
Mais à l'heure du couvre-feu des doigts errants
Avaient écrit sous vos photos MORTS POUR LAFRANCE
Et les mornes matins en étaient différents

1. Affiche que les Allemands avaient fait coller sur les murs. De couleur rouge, elle montrait les visages et les noms des résistants, membres du groupe Manouchian, qui avaient été arrêtés, puis exécutés par la Gestapo le 21 février 1944.

Tout avait la couleur uniforme du givre
À la fin février pour vos derniers moments.
Et c'est alors que l'un de vous dit calmement[1]
Bonheur à tous Bonheur à ceux qui vont survivre
Je meurs sans haine en moi pour le peuple allemand

Adieu la peine et le plaisir Adieu les roses
Adieu la vie adieu la lumière et le vent
Marie-toi sois heureuse et pense à moi souvent
Toi qui vas demeurer dans la beauté des choses
Quand tout sera fini plus tard en Erivan[2]

Un grand soleil d'hiver éclaire la colline
Que la nature est belle et que le cœur me fend
La justice viendra sur nos pas triomphants
Ma Mélinée ô mon amour mon orpheline
Et je te dis de vivre et d'avoir un enfant

Ils étaient vingt et trois quand les fusils fleurirent
Vingt et trois qui donnaient leur cœur avant le temps
Vingt et trois étrangers et nos frères pourtant

1. Aragon s'est inspiré pour les vers suivants d'une lettre écrite par un de ceux qui seront fusillés.
2. Capitale de l'Arménie, d'où étaient originaires de nombreux membres du groupe.

Vingt et trois amoureux de vivre à en mourir
Vingt et trois qui criaient la France en s'abattant

Louis Aragon, *Le Roman inachevé,* 1956

Écrit à la mémoire du groupe Manouchian exécuté par la Gestapo le 21 février 1944, ce poème est chanté par Léo Ferré sous le titre l'Affiche Rouge.

Stabat Mater Furiosa[1]

[...]
ma prière voilà comment commence ma prière
j'aime que le matin blanc pèse à la vitre et l'on tue ici
j'aime qu'un enfant courant dans l'herbe haute vienne
à cogner sa joue à mes paumes et l'on tue ici
j'aime qu'un homme se plaise à mes seins et que sa
poitrine soit un bateau qui porte dans la nuit et l'on
[tue ici
j'aime qu'on bavarde à la porte du boulanger quand
il n'y a d'autre souci que le bleu du ciel étendu sous
la théorie des nuages et l'on tue ici
j'aime qu'à quelques-uns on s'ennuie paisiblement à
observer le vent dormir sur les toits de la ville et l'on
[tue ici
j'aime qu'on bâtisse une fleur pour la fleur dans le
[loisir insipide du jardin et l'on tue ici
j'aime que la pierre roule dans la rivière et que cela
[fasse un bruit de clarinette et l'on tue ici

1. « La mère, dans sa fureur, se tenait debout » ; jeu de mots avec la phrase latine « Stabat mater dolorosa » (la mère, dans sa douleur, se tenait debout), qui rappelle la douleur de Marie au pied de la croix où Jésus, son fils, fut crucifié.

j'aime que les heures ne soient que le temps qui passe
pour faire les heures et l'on tue encore ici encore
et voilà comment continue ma prière
êtes-vous là encore êtes-vous là mangeurs d'ombre
je crache
je crache sur l'homme de
l'homme de guerre
je crache sur le guerrier de la prochaine
de la prochaine guerre
qui joue aujourd'hui avec son ours en peluche les ailes
[des mouches et
la poudre rouge et bleue des papillons
je crache sur l'esprit de guerre qui pense et prévoit
[la douleur
je crache sur celui qui pétrit la pâte de la guerre
et embrasse son sommeil quand on cuit la mort au
[four de la guerre
je crache sur le ruisseau de sang qui tombe des doigts
[du vainqueur
comme un mouchoir par mégarde tombe au caniveau
je crache sur celui qui fait d'un corps de femme une
[chair ouverte
une chair bleue qui était blanche
couverte de guêpes qui était faite pour le baiser
déchirée qui était comme une soie pour le soleil
je crache sur la haine et la nécessité de cracher sur la
[haine

homme de guerre je te regarde
regarde-moi
je te dis regarde-moi
[...]

Jean-Pierre Siméon, *Stabat Mater Furiosa*, 2000

J'ai traversé les ponts de Cé

J'ai traversé les ponts de Cé[1]
C'est là que tout a commencé

Une chanson des temps passés
Parle d'un chevalier blessé

D'une rose sur la chaussée
Et d'un corsage délacé

Du château d'un duc insensé
Et des cygnes dans les fossés

De la prairie où vient danser
Une éternelle fiancée

Et j'ai bu comme un lait glacé
Le long lai des gloires faussées

La Loire emporte mes pensées
Avec les voitures versées

1. Les Ponts-de-Cé : commune du Maine-et-Loire, proche d'Angers.

Et les armes désamorcées
Et les larmes mal effacées

Ô ma France ô ma délaissée
J'ai traversé les ponts de Cé

Louis Aragon, *Les yeux d'Elsa*

Liberté

Sur mes cahiers d'écolier
Sur mon pupitre et les arbres
Sur le sable sur la neige
J'écris ton nom

Sur toutes les pages lues
Sur toutes les pages blanches
Pierre sang papier ou cendre
J'écris ton nom

Sur les images dorées
Sur les armes des guerriers
Sur la couronne des rois
J'écris ton nom

Sur la jungle et le désert
Sur les nids sur les genêts
Sur l'écho de mon enfance
J'écris ton nom

Sur les merveilles des nuits
Sur le pain blanc des journées
Sur les saisons fiancées
J'écris ton nom

Sur tous mes chiffons d'azur
Sur l'étang soleil moisi
Sur le lac lune vivante
J'écris ton nom

Sur les champs sur l'horizon
Sur les ailes des oiseaux
Et sur le moulin des ombres
J'écris ton nom

Sur chaque bouffée d'aurore
Sur la mer sur les bateaux
Sur la montagne démente
J'écris ton nom

Sur la mousse des nuages
Sur les sueurs de l'orage
Sur la pluie épaisse et fade
J'écris ton nom

Sur les formes scintillantes
Sur les cloches des couleurs
Sur la vérité physique
J'écris ton nom

Sur les sentiers éveillés
Sur les routes déployées
Sur les places qui débordent
J'écris ton nom

Sur la lampe qui s'allume
Sur la lampe qui s'éteint
Sur mes maisons réunies
J'écris ton nom

Sur le fruit coupé en deux
Du miroir et de ma chambre
Sur mon lit coquille vide
J'écris ton nom

Sur mon chien gourmand et tendre
Sur ses oreilles dressées
Sur sa patte maladroite
J'écris ton nom

Sur le tremplin de ma porte
Sur les objets familiers
Sur le flot du feu béni
J'écris ton nom

Sur toute chair accordée
Sur le front de mes amis
Sur chaque main qui se tend
J'écris ton nom

Sur la vitre des surprises
Sur les lèvres attentives

Bien au-dessus du silence
J'écris ton nom

Sur mes refuges détruits
Sur mes phares écroulés
Sur les murs de mon ennui
J'écris ton nom

Sur l'absence sans désir
Sur la solitude nue
Sur les marches de la mort
J'écris ton nom

Sur la santé revenue
Sur le risque disparu
Sur l'espoir sans souvenir
J'écris ton nom

Et par le pouvoir d'un mot
Je recommence ma vie
Je suis né pour te connaître
Pour te nommer

Liberté.

Paul Eluard,
Au rendez-vous allemand, 1945

La Voix

Une voix, une voix qui vient de si loin
Qu'elle ne fait plus tinter les oreilles,
Une voix, comme un tambour, voilée
Parvient pourtant, distinctement, jusqu'à nous.

Bien qu'elle semble sortir d'un tombeau
Elle ne parle que d'été et de printemps.
Elle emplit le corps de joie,
Elle allume aux lèvres le sourire.

Je l'écoute. Ce n'est qu'une voix humaine
Qui traverse les fracas de la vie et des batailles,
L'écroulement du tonnerre et le murmure des
[bavardages.

Et vous ? ne l'entendez-vous pas ?
Elle dit « La peine sera de peu de durée »
Elle dit « La belle saison est proche ».

Ne l'entendez-vous pas ?

Robert Desnos, *Contrée,* recueilli dans *Calixto,*
suivi de *Contrée*

Les travaux et les jours

Voici la poésie du temps qui passe, de la vie de tous les jours, de la ville, du travail...

Fenêtres ouvertes
Le matin. – En dormant

J'entends des voix. Lueurs à travers ma paupière.
Une cloche est en branle à l'église Saint-Pierre.
Cris des baigneurs. Plus près ! plus loin ! non, par ici !
Non, par là ! Les oiseaux gazouillent, Jeanne aussi.
Georges l'appelle. Chant des coqs. Une truelle
Racle un toit. Des chevaux passent dans la ruelle.
Grincement d'une faux qui coupe le gazon.
Chocs. Rumeurs. Des couvreurs marchent sur la maison.
Bruits du port. Sifflement des machines chauffées.
Musique militaire arrivant par bouffées.
Brouhaha sur le quai. Voix françaises. Merci.
Bonjour. Adieu. Sans doute il est tard, car voici
Que vient tout près de moi chanter mon rouge-gorge.
Vacarme de marteaux lointains dans une forge.
L'eau clapote. On entend haleter un steamer.
Une mouche entre. Souffle immense de la mer.

Victor Hugo, *L'Art d'être grand-père*, 1877

Le Chant des rameurs

J'ai demandé souvent
Écoutant la Clameur
D'où venait l'âpre Chant
Le doux chant des Rameurs.

Un soir j'ai demandé aux jacassants Corbeaux
Où allait l'âpre Chant, le doux Chant des Bozos[1] ;
Ils m'ont dit que le Vent messager infidèle
Le déposait tout près dans les rides de l'Eau,
Mais que l'Eau désirant demeurer toujours belle
Efface à chaque instant les replis de sa peau.

J'ai demandé souvent
Écoutant la Clameur
D'où venait l'âpre Chant
Le doux chant des Rameurs.

Un soir j'ai demandé aux verts Palétuviers
Où allait l'âpre Chant des Rudes Piroguiers ;
Ils m'ont dit que le Vent messager infidèle
Le déposait très loin au sommet des Palmiers ;

1. Originaires de l'empire du Ghana, installés sur les rivages du Niger depuis le xe siècle, les Bozos vivent essentiellement de la pêche et du transport fluvial.

Mais que tous les Palmiers ont les cheveux rebelles
Et doivent tout le temps peigner leurs beaux cimiers[1].

J'ai demandé souvent
Écoutant la Clameur
D'où venait l'âpre Chant
Le doux chant des Rameurs.

Un soir j'ai demandé aux complaisants Roseaux
Où allait l'âpre Chant, le doux Chant des Bozos.
Ils m'ont dit que le Vent messager infidèle
Le confiait là-haut à un petit Oiseau ;
Mais que l'Oiseau fuyant dans un furtif coup d'ailes
L'oubliait quelquefois dans le ciel indigo
Et depuis je comprends
Écoutant la Clameur
D'où venait l'âpre Chant
Le doux chant des Rameurs.

Birago Diop, *Poèmes et récits d'Afrique noire, du Maghreb, de l'océan Indien et des Antilles*, 1997

1. Ornements placés au sommet des casques.

Cris de Paris

On n'entend plus guère le repasseur de couteaux
le réparateur de porcelaines le rempailleur de chaises
on n'entend plus guère que les radios qui bafouillent
des tourne-disques des transistors et des télés
ou bien encore le faible aye aye ouye ouye
que pousse un piéton écrasé

Raymond Queneau, *Courir les rues*, 1967

En faveur de l'autre

Dans les rues de nos villes
on croit en Dieu on marche
on change un pneu
on mange on crie on attend
la fin du Ramadan la neige chez le dentiste
on traverse on salue bien le bonjour
on meurt on fait l'aumône
on se serre on fend le vide
on se perd on gagne sa vie

Qui a raison qui a tort
qui trahit le sens de la rue ?

Et dans les rues du monde
qui a tort qui a raison
de faire sur son trottoir
tout autre chose
tout autrement
que le passant d'en face ?

Jean-Pierre Siméon, *Sans frontières fixes*, collection
« Poèmes pour grandir »

Pariscope[1]

C'est la parade des grands monuments
Tour Eiffel Notre-Dame
La foule va et vient baguenaude[2] des Champs-Élysées à
la Défense.
Elle flâne du côté de l'École militaire
où les beaux zouaves ont laissé la place
aux embouteillages.
Dans les voitures il y a des gens qui habitent
dans de grandes tours le long de grands boulevards
et qui achètent mille choses dans de grands magasins
et puis vont flâner le long des quais
pour oublier les fumées des usines
qui polluent la Seine
et tuent les légumes dans les jardins de banlieue.
Sous les grandes gares – Gare de Lyon – Gare
[d'Austerlitz – Gare du Nord – Gare de l'Est – Gare

1. Titre d'un magazine qui recense les spectacles proposés chaque semaine à Paris (cinéma, théâtre, expositions, etc.) ; évoque également l'idée de regard (« scope », comme dans « télescope »).
Poème écrit à partir des mots fournis par la Bibliothèque pour Tous de l'ALRIM : Champs-Élysées, la Défense, École militaire, embouteillages, FNAC, foule, grandes gares, grandes tours, grands magasins, grands boulevards, grands monuments, jardins, métro, musées, Notre-Dame, quais, la Seine, tour Eiffel, usines, vitrines.
2. Se promène en flânant.

Montparnasse –
le métro conduit aux musées
où derrière les vitrines lumineuses
la reine Karomama sourit avec ses lèvres orientales
et des jeunes filles rêveuses
vont acheter à la FNAC un album plein de
[photographies de dieux et d'idoles
qu'elles contemplent avec des yeux tristes de
somnambules urbains.

André Laude, *Vingt mots pour ma ville*, Paris

Élévation

— Prends ma main, Voyageur, et montons sur la Tour.
Regarde tout en bas, et regarde à l'entour.
[...]
Que vois-tu dans la nuit, à nos pieds, dans l'espace
Et partout où mon doigt tourne, passe et repasse ?
— « Je vois un cercle noir, si large et si profond
Que je n'en aperçois ni le bout ni le fond.
Des collines, au loin, me semblent sa ceinture,
Et, pourtant, je ne vois nulle part la nature,
Mais partout la main d'homme et l'angle que sa main
Impose à la matière en tout travail humain.
Je vois ces angles noirs et luisants qui, dans l'ombre,
L'un sur l'autre entassés, sans ordre ni sans nombre,
Coupent des murs blanchis pareils à des tombeaux.
— Je vois fumer, brûler, éclater des flambeaux,
Brillant sur cet abîme où l'air pénètre à peine,
Comme des diamant incrustés dans l'ébène[1].
— Un fleuve y dort sans bruit, replié dans son cours,
Comme, dans un buisson, la couleuvre aux cent tours.
Des ombres de palais, de dômes et d'aiguilles,
De tours et de donjons, de clochers, de bastilles,

1. Bois précieux de couleur noire.

De châteaux forts, de kiosks[1] et d'aigus minarets ;
Des formes de remparts, de jardins, de forêts,
De spirales, d'arceaux, de parcs de colonnades,
D'obélisques, de ponts, de portes et d'arcades,
Tout fourmille et grandit, se cramponne en montant,
Se courbe, se replie, ou se creuse ou s'étend.
— Dans un brouillard de feu je crois voir ce grand rêve.
La tour où nous voilà dans le cercle s'élève :
En le traçant jadis, c'est ici, n'est-ce pas
Que Dieu même a posé le centre du compas ?
Le vertige m'enivre, et sur mes yeux il pèse.
Vois-je une Roue ardente, ou bien une Fournaise ? »

Alfred de Vigny, « Livre moderne »,
Poèmes antiques et modernes, 1822-1826

1. Pavillons de jardin, permettant par exemple d'abriter des musiciens pour un concert en plein air. S'écrit aujourd'hui « kiosque ».

La Plaine

[...]
Et maintenant, où s'étageaient les maisons claires
Et les vergers et les arbres allumés d'or,
On aperçoit, à l'infini, du sud au nord,
La noire immensité des usines rectangulaires.
Telle une bête énorme et taciturne
Qui bourdonne derrière un mur,
Le ronflement s'entend, rythmique et dur,
Des chaudières et des meules[1] nocturnes ;
Le sol vibre, comme s'il fermentait,
Le travail bout comme un forfait[2],
L'égout charrie une fange velue[3]
Vers la rivière qu'il pollue ;
Un supplice d'arbres écorchés vifs
Se tord, bras convulsifs,
En façade, sur le bois proche ;
L'ortie épuise au cœur les sablons[4] et les oches[5],
Et des fumiers, toujours plus hauts, de résidus
– Ciments huileux, plâtras pourris, moellons fendus –

1. Pierres qui servent à broyer le grain ou à aiguiser, donner une forme.
2. Crime.
3. Boue poilue.
4. Terres sableuses.
5. Terres défrichées, labourables.

Au long de vieux fossés et de berges obscures
Lèvent, le soir, leurs monuments de pourritures.
Sous des hangars tonnants et lourds,
Les nuits, les jours,
Sans air ni sans sommeil,
Des gens peinent loin du soleil :
Morceaux de vie en l'énorme engrenage,
Morceaux de chair fixée, ingénieusement,
Pièce par pièce, étage par étage,
De l'un à l'autre bout du vaste tournoiement.
Leurs yeux, ils sont les yeux de la machine ;
Leur corps entier : front, col, torse, épaules, échine,
Se plie aux jeux réglés du fer et de l'acier ;
Leurs mains et leurs dix doigts courent sur des claviers
Où cent fuseaux de fil tournent et se dévident ;
Et mains promptes et doigts rapides
S'usent si fort,
Dans leur effort
Sur la matière carnassière,
Qu'ils y laissent, à tout moment,
Des empreintes de rage et des gouttes de sang.
[...]

Émile Verhaeren, *Les Villes tentaculaires*, 1895

Charleroi[1]

Dans l'herbe noire
Les Kobolds[2] vont.
Le vent profond
Pleure, on veut croire.

Quoi donc se sent ?
L'avoine siffle.
Un buisson gifle
L'œil au passant.

Plutôt des bouges[3]
Que des maisons.
Quels horizons
De forges rouges !

On sent donc quoi ?
Des gares tonnent,
Les yeux s'étonnent,
Où Charleroi ?

1. Ville de Belgique.
2. Personnages légendaires, liés à la terre et aux métaux.
3. Logements en très mauvais état.

Parfums sinistres !
Qu'est-ce que c'est ?
Quoi bruissait
Comme des sistres[1] ?

Sites brutaux !
Oh ! votre haleine,
Sueur humaine,
Cris des métaux !

Dans l'herbe noire
Les Kobolds vont.
Le vent profond
Pleure, on veut croire.

Paul Verlaine, *Romances sans paroles*, 1874

1. Instruments de musique à percussion.

Le Laboureur et ses enfants

Travaillez, prenez de la peine :
C'est le fonds qui manque le moins.

Un riche Laboureur, sentant sa mort prochaine,
Fit venir ses enfants, leur parla sans témoins.
« Gardez-vous, leur dit-il, de vendre l'héritage
Que nous ont laissé nos parents :
Un trésor est caché dedans.
Je ne sais pas l'endroit ; mais un peu de courage
Vous le fera trouver : vous en viendrez à bout.
Remuez votre champ dès qu'on aura fait l'oût[1] :
Creusez, fouillez, bêchez ; ne laissez nulle place
Où la main ne passe et repasse. »
Le père mort, les fils vous retournent le champ,
Deçà, delà, partout : si bien qu'au bout de l'an
Il en rapporta davantage.
D'argent, point de caché. Mais le père fut sage
De leur montrer avant sa mort,
Que le travail est un trésor.

Jean de La Fontaine, *Fables*, Livre V, 1678

1. Mois d'août.

Ce sont les travaux de l'homme qui sont grands

Ce sont les travaux de l'homme qui sont grands :
celui qui met le lait dans les vases de bois,
celui qui cueille les épis de blés piquants et droits,
celui qui garde les vaches près des aulnes[1] frais,
celui qui fait saigner les bouleaux des forêts,
celui qui tord, près des ruisseaux vifs, les osiers,
celui qui raccommode les vieux souliers
près d'un foyer obscur, d'un vieux chat galeux,
d'un merle qui dort et des enfants heureux ;
celui qui tisse et fait un bruit retombant,
lorsqu'à minuit les grillons chantent aigrement ;
celui qui fait le pain, celui qui fait le vin,
celui qui sème l'ail et les choux au jardin,
celui qui recueille les œufs tièdes.

Francis Jammes, *De l'Angélus de l'aube à l'Angélus du soir*, 1898

1. Arbres qui poussent près des rivières.

Chanson des sardinières

Tournez tournez
petites filles
tournez autour des fabriques
bientôt vous serez dedans
tournez tournez
filles des pêcheurs
filles des paysans

Les fées qui sont venues
autour de vos berceaux
les fées étaient payées
par les gens du château
elles vous ont dit l'avenir
et il n'était pas beau

Vous vivrez malheureuses
et vous aurez beaucoup d'enfants
beaucoup d'enfants
qui vivront malheureux
et qui auront beaucoup d'enfants
qui vivront malheureux
et qui auront beaucoup d'enfants
beaucoup d'enfants
qui vivront malheureux

et qui auront beaucoup d'enfants
beaucoup d'enfants
beaucoup d'enfants...

Tournez tournez
petites filles
tournez autour des fabriques
bientôt vous serez dedans
tournez tournez
filles des pêcheurs
filles des paysans.

Jacques Prévert, *Spectacle*, 1951

Message de la ville en poésie

ville
haute
masse
poème
autre
tours
toits
béton
monte
froid
glace
mince
vitre
lisse
jaime
larue
autos
motos
vélos
foule
lasse
toute
place
roule
lente
houle
passe

Att
ent
ion
Sivous
prenez
lascen
seurav
eclesp
ritfar
ceuril
appuie
rasuru
nbouto
nquivo
usenve
rrasur
Pluton

vvvv
iiii
llll
llll
eeee
arrà
uiee
xrgx
meap
ivrl
lido
llvr
elie
felr
eslm
naeo
ànpt
tgoa
rlèm
eomo
stet

tour
slan
cées
àlas
saut
dece
jour
comm
eles
lett
ress
urla
page
leci
elpr
ison
nier
desv
itra
gesb
rise
leso
leil
alan
tour

D
un's
eul
éla
nve
rsl
esn
uag
est
end
ued
ese
squ
ara
nte
éta
ges
lav
ill
epa
rde
sau
sle
sto
its
nou
sdé
sig
nel
eci
eld
udo
igt
Vaguesd
elafoulec
ommebatla
houlecont
relajetée
sansjamai
sasarrâter

etmoilesnéonsmeclignentdeloeillesmot
ssontenvitrinepourdéchiffrerlavillet
outeslesimagessanimentetvoilàquejepr
endsparlamainlapoésiequicourtlesrues

J
a
c
q
u
e
s
C
h
a
r
p
e
n
t
r
e
a
u

Jacques Charpentreau, *Paris des enfants* (L'École des loisirs, Paris, 1978) © Jacques Charpentreau

Un amas confus de maisons

Un amas confus de maisons,
Des crottes dans toutes les rues,
Ponts, églises, palais, prisons,
Boutiques bien ou mal pourvues ;

Force gens[1] noirs, blancs, roux, grisons,
Des prudes[2], des filles perdues,
Des meurtres et des trahisons,
Des gens de plume aux mains crochues ;

Maint poudré[3] qui n'a pas d'argent,
Maint homme qui craint le sergent,
Maint fanfaron qui toujours tremble ;

Pages, laquais, voleurs de nuit,
Carrosses, chevaux et grand bruit,
C'est là Paris. Que vous en semble ?

Paul Scarron, *Poésies diverses,* 1654
(Orthographe et ponctuation modernisées.)

1. Beaucoup de gens.
2. Femmes sages et sérieuses, ou du moins qui en ont l'air.
3. Beaucoup de gens poudrés, c'est-à-dire aux cheveux, à la perruque, aux habits poudrés ; autrement dit, des élégants.

Satire VI

[...]
En quelque endroit que j'aille, il faut fendre la presse
D'un peuple d'importuns qui fourmillent sans cesse :
L'un me heurte d'un ais[1], dont je suis tout froissé[2] ;
Je vois d'un autre coup mon chapeau renversé.
Là, d'un enterrement la funèbre ordonnance,
D'un pas lugubre et lent vers l'église s'avance ;
Et plus loin des laquais, l'un l'autre s'agaçant,
Font aboyer les chiens et jurer les passants.
Des paveurs en ce lieu me bouchent le passage.
Là, je trouve une croix de funeste présage[3],
Et des couvreurs grimpés au toit d'une maison,
En font pleuvoir l'ardoise et la tuile à foison.
Là, sur une charrette une poutre branlante
Vient menaçant de loin la foule qu'elle augmente[4],
Six chevaux attelés à ce fardeau pesant
Ont peine à l'émouvoir sur le pavé glissant.
D'un carrosse en tournant il accroche une roue,
Et du choc le renverse en un grand tas de boue :

1. Planche.
2. Meurtri.
3. Les croix sur les maisons signalaient que l'édifice était dangereux et menaçait de tomber.
4. La foule augmente parce que les gens s'assemblent pour voir si la poutre va tomber.

Quand un autre à l'instant s'efforçant de passer,
Dans le même embarras se vient embarrasser
Vingt carrosses bientôt arrivant à la file,
Y sont en moins de rien suivis de plus de mille,
Et, pour surcroît de maux, un sort malencontreux
Conduit en cet endroit un grand troupeau de bœufs.
Chacun prétend passer ; l'un mugit, l'autre jure ;
Des mulets en sonnant augmente le murmure.
Aussitôt cent chevaux dans la foule appelés,
De l'embarras qui croît ferment les défilés,
Et partout, des passants enchaînant les brigades,
Au milieu de la paix font voir les barricades.
On n'entend que des cris poussés confusément :
Dieu, pour s'y faire ouïr, tonnerait vainement.
Moi donc, qui dois souvent en certain lieu me rendre,
Le jour déjà baissant, et qui suis las d'attendre,
Ne sachant plus tantôt à quel saint me vouer,
Je me mets au hasard de me faire rouer.
Je saute vingt ruisseaux, j'esquive, je me pousse ;
Guénaud[1] sur son cheval en passant m'éclabousse :
Et, n'osant plus paraître en l'état où je suis,
Sans songer où je vais, je me sauve où je puis.
[...]

Nicolas Boileau, *Satires du Sieur D****, 1666
(Orthographe et ponctuation modernisées.)

1. Célèbre médecin qui se déplaçait beaucoup à cheval.

Images

I

Un jour, à Kharkow, dans un quartier populaire
(Ô cette Russie méridionale, où toutes les femmes
Avec leur châle blanc sur la tête, ont des airs de
[Madone !),
Je vis une jeune femme revenir de la fontaine,
Portant, à la mode de là-bas, comme du temps d'Ovide,
Deux seaux suspendus aux extrémités d'un bois
En équilibre sur le cou et les épaules.
Et je vis un enfant en haillons s'approcher d'elle et
[lui parler.
Alors, inclinant aimablement son corps à droite,
Elle fit en sorte que le seau plein d'eau pure touchât
[le pavé
Au niveau des lèvres de l'enfant qui s'était mis à
[genoux pour boire.

[...]

Valéry Larbaud, *Les Poésies de A.O. Barnabooth*, 1913

Réveil

Je dors toujours les fenêtres ouvertes
J' ai dormi comme un homme seul
Les sirènes à vapeur et à air comprimé ne m'ont pas
[trop réveillé

Ce matin je me penche par la fenêtre
Je vois
Le ciel
La mer
La gare maritime par laquelle j'arrivais de New York
[en 1911
La baraque du pilotage
Et
À gauche
Des fumées des cheminées des grues des lampes à arc[1]
[à contre-jour
Le premier tram grelotte dans l'aube glaciale
Moi j'ai trop chaud

1. Lampes à arc électrique, c'est-à-dire des lampadaires.

Les travaux et les jours

Adieu Paris
Bonjour soleil

Douleurs

La poésie, c'est aussi exprimer sa douleur et sa peine. Le mal qu'on a à vivre, même (et peut-être surtout) quand on ne sait pas ce qui nous rend triste.
Mélancolie, ennui, spleen...
Et puis, bien sûr, les souvenirs des êtres et des choses et le grand ennemi : le temps, et cet horizon effrayant, la mort...
Tous les grands poètes s'y sont confrontés. Voici...

Sourire

Stéphanie Tesson, *Jouer avec les poètes, 200 poèmes-jeux inédits de 65 poètes contemporains,* réunis par Jacques Charpentreau, 2002

Ce premier jour du mois de mai

Ce premier jour du mois de mai,
Quant de mon lit hors me levai,
Environ vers la matinée,
Dedans mon jardin de pensée,
Avecques mon cœur seul entrai.

Dieu sait s'entrepris fus d'emai[1] !
Car en pleurant tout regardai
Détruit d'ennuyeuse gelée[2],
Ce premier jour du mois de mai,
Quant de mon lit hors me levai,
Environ vers la matinée.

En gast, fleurs et arbres trouvai[3] ;
Lors au jardinier demandai
Si Déplaisance maleurée[4],
Par tempête, vent ou nuée,

1. Émoi, crainte.
2. Je vis que tout était détruit par la gelée.
3. Je trouvai que les fleurs et les arbres étaient ravagés.
4. Souffrance malheureuse. La majuscule indique que la souffrance est personnifiée.

Avait fait tel piteux arrai[1],
Ce premier jour du mois de mai.

Charles d'Orléans, *Rondeaux*, vers 1450
(Orthographe et ponctuation modernisées.)

1. Avait arrangé les choses d'une manière qui faisait pitié, avait fait un tel désordre.

À Dieu ! qu'il m'ennuie !

À Dieu ! qu'il m'ennuie[1] !
Hélas ! Qu'est ceci ?
Demeurrai-je[2] ainsi
En mélancolie ?

Qui que chante ou rie[3],
J'ai tous jours souci ;
À Dieu ! qu'il m'ennuie
Hélas ! Qu'est ceci ?

Penser me guerrie[4],
Et Fortune aussi,
Tellement et si
Fort que hais ma vie.
À Dieu ! qu'il m'ennuie !

Charles d'Orléans, *Rondeaux*, vers 1450
(Orthographe et ponctuation modernisées.)

1. Que je souffre.
2. Forme ancienne de « demeurerai-je ».
3. Qu'on chante ou qu'on rit.
4. Me fait la guerre.

Je chante et pleure, et veux faire et défaire

Je chante et pleure, et veux faire et défaire,
J'ose et je crains, et je fuis et je suis,
J'heurte et je cède, et j'ombrage et je luis,
J'arrête et cours, je suis pour et contraire,

Je veille et dors, et suis grand et vulgaire,
Je brûle et gèle, et je puis et ne puis,
J'aime et je hais, je conforte et je nuis,
Je vis et meurs, j'espère et désespère ;

Puis de ce tout étreint sous le pressoir,
J'en tire un vin ores blanc, ores noir,
Et de ce vin j'enivre ma pauvre âme,

Qui chancelant d'un et d'autre côté,
Va et revient comme esquif tempêté[1],
Veuf de nocher, de timon[2] et de rame.

Abraham de Vermeil, *Seconde Partie des Muses françoises ralliées de diverses parts*, 1600
(Orthographe et ponctuation modernisées.)

1. Petit bateau dans la tempête.
2. Qui n'a plus (« veuf ») de pilote ni de gouvernail.

L'Isolement

[...]
De colline en colline en vain portant ma vue,
Du sud à l'aquilon[1], de l'aurore au couchant,
Je parcours tous les points de l'immense étendue,
Et je dis : Nulle part le bonheur ne m'attend.

Que me font ces vallons, ces palais, ces chaumières ?
Vains objets dont pour moi le charme est envolé ;
Fleuves, rochers, forêts, solitudes si chères,
Un seul être vous manque, et tout est dépeuplé.

Que le tour du soleil ou commence ou s'achève,
D'un œil indifférent je le suis dans son cours ;
En un ciel sombre ou pur qu'il se couche ou se lève,
Qu'importe le soleil ? je n'attends rien des jours.

Quand je pourrais le suivre en sa vaste carrière,
Mes yeux verraient partout le vide et les déserts ;
Je ne désire rien de tout ce qu'il éclaire,
Je ne demande rien à l'immense univers.
[...]

Alphonse de Lamartine, *Méditations poétiques*, 1820

1. Vent du nord, froid et violent ; ici, désigne simplement le nord.

Spleen[1]

Quand le ciel bas et lourd pèse comme un couvercle
Sur l'esprit gémissant en proie aux longs ennuis,
Et que de l'horizon embrassant tout le cercle
Il nous verse un jour noir plus triste que les nuits ;

Quand la terre est changée en un cachot humide,
Où l'Espérance, comme une chauve-souris,
S'en va battant les murs de son aile timide
Et se cognant la tête à des plafonds pourris ;

Quand la pluie étalant ses immenses traînées
D'une vaste prison imite les barreaux,
Et qu'un peuple muet d'infâmes araignées
Vient tendre ses filets au fond de nos cerveaux,

Des cloches tout à coup sautent avec furie
Et lancent vers le ciel un affreux hurlement,
Ainsi que des esprits errants et sans patrie
Qui se mettent à geindre opiniâtrement.

— Et de longs corbillards, sans tambours ni musique,
Défilent lentement dans mon âme ; l'Espoir,

1. Tristesse, mélancolie qui semble sans raison.

Vaincu, pleure, et l'angoisse atroce, despotique,
Sur mon crâne incliné plante son drapeau noir.

Charles Baudelaire, *Les Fleurs du mal*, 1857

Dans l'interminable

Dans l'interminable
Ennui de la plaine
La neige incertaine
Luit comme du sable.

Le ciel est de cuivre
Sans lueur aucune.
On croirait voir vivre
Et mourir la lune.

Comme des nuées
Flottent gris les chênes
Des forêts prochaines
Parmi les buées.

Le ciel est de cuivre
Sans lueur aucune.
On croirait voir vivre
Et mourir la lune.

Corneille poussive
Et vous, les loups maigres,
Par ces bises aigres
Quoi donc vous arrive ?

Dans l'interminable
Ennui de la plaine
La neige incertaine
Luit comme du sable.

Paul Verlaine, *Romances sans paroles*, 1874

Chanson d'automne

Les sanglots longs
Des violons
De l'automne
Blessent mon cœur
D'une langueur
Monotone.

Tout suffocant
Et blême, quand
Sonne l'heure,
Je me souviens
Des jours anciens
Et je pleure ;

Et je m'en vais
Au vent mauvais
Qui m'emporte
Deçà, delà,
Pareil à la
Feuille morte.

Paul Verlaine, *Poèmes saturniens,* 1866

Il pleure dans mon cœur

Il pleut doucement sur la ville.
(Arthur Rimbaud)

Il pleure dans mon cœur
Comme il pleut sur la ville ;
Quelle est cette langueur
Qui pénètre mon cœur ?

Ô bruit doux de la pluie
Par terre et sur les toits !
Pour un cœur qui s'ennuie
Ô le chant de la pluie !

Il pleure sans raison
Dans ce cœur qui s'écœure.
Quoi ! nulle trahison ?...
Ce deuil est sans raison.

C'est bien la pire peine
De ne savoir pourquoi
Sans amour et sans haine
Mon cœur a tant de peine !

Paul Verlaine, *Romances sans paroles*, 1874

Je suis venu, calme orphelin

Gaspard Hauser[1] *chante :*

Je suis venu, calme orphelin,
Riche de mes seuls yeux tranquilles,
Vers les hommes des grandes villes :
Ils ne m'ont pas trouvé malin.

À vingt ans un trouble nouveau,
Sous le nom d'amoureuses flammes,
M'a fait trouver belles les femmes :
Elles ne m'ont pas trouvé beau.

Bien que sans patrie et sans roi
Et très brave ne l'étant guère,
J'ai voulu mourir à la guerre :
La mort n'a pas voulu de moi.

Suis-je né trop tôt ou trop tard ?
Qu'est-ce que je fais en ce monde ?
Ô vous tous, ma peine est profonde :
Priez pour le pauvre Gaspard !

Paul Verlaine, *Sagesse,* 1881

1. Gaspard Hauser a vraiment existé ; c'était une sorte d'enfant sauvage.

Je suis

Je suis
L'écho d'une pierre
Pierre ou cœur qui désespère
De toucher le fond du puits

Je suis
Le frisson d'une onde
Onde au long des nerfs du monde
Je n'éveille que ma nuit

Je suis
L'ombre de mes veines
Veines charriant mes peines
Au fil du sang qui me fuit

Je suis
Les gonds d'une porte
Porte donnant sur la morte
Saison où vague l'ennui

Pierre Emmanuel, *Versant de l'âge*, 1958

Marie

Vous y dansiez petite fille
Y danserez-vous mère-grand
C'est la maclotte[1] qui sautille
Toutes les cloches sonneront
Quand donc reviendrez-vous Marie

Les masques sont silencieux
Et la musique est si lointaine
Qu'elle semble venir des cieux
Oui je veux vous aimer mais vous aimer à peine
Et mon mal est délicieux

Les brebis s'en vont dans la neige
Flocons de neige et ceux d'argent
Des soldats passent et que n'ai-je
Un cœur à moi ce cœur changeant
Changeant et puis encor que sais-je

Sais-je où s'en iront tes cheveux
Crépus comme mer qui moutonne
Sais-je où s'en iront tes cheveux

1. Danse originaire de Belgique.

Et tes mains feuilles de l'automne
Que jonchent aussi nos aveux

Je passais au bord de la Seine
Un livre ancien sous le bras
Le fleuve est pareil à ma peine
Il s'écoule et ne tarit pas
Quand donc finira la semaine

Guillaume Apollinaire, *Alcools*, 1913

Clotilde

L'anémone et l'ancolie
Ont poussé dans le jardin
Où dort la mélancolie
Entre l'amour et le dédain

Il y vient aussi nos ombres
Que la nuit dissipera
Le soleil qui les rend sombres
Avec elles disparaîtra

Les déités des eaux vives
Laissent couler leurs cheveux
Passe il faut que tu poursuives
Cette belle ombre que tu veux

Guillaume Apollinaire, *Alcools*, 1913

L'immortelle, et l'œillet de mer

L'immortelle, et l'œillet de mer
Qui pousse dans le sable,
La pervenche trop périssable,
Ou ce fenouil amer

Qui craquait sous la dent des chèvres
Ne vous en souvient-il,
Ni de la brise au sel subtil
Qui nous brûlait aux lèvres ?

Paul-Jean Toulet, *Les Contrerimes*, 1920

Je me rappelle un jour de l'été blanc, et l'heure

Je me rappelle un jour de l'été blanc, et l'heure
Muette, et les cyprès... Mais tu parles : soudain,
Je rêve, les yeux clos, à travers le jardin,
D'une source un peu rauque, et qu'on entend qui pleure.

Paul-Jean Toulet, *Les Contrerimes*, 1920

Le ciel est, par-dessus le toit

Le ciel est, par-dessus le toit,
Si bleu, si calme !
Un arbre, par-dessus le toit,
Berce sa palme.

La cloche, dans le ciel qu'on voit,
Doucement tinte.
Un oiseau sur l'arbre qu'on voit
Chante sa plainte.

Mon Dieu, mon Dieu, la vie est là,
Simple et tranquille.
Cette paisible rumeur-là
Vient de la ville.

— Qu'as-tu fait, ô toi que voilà
Pleurant sans cesse,
Dis, qu'as-tu fait, toi que voilà,
De ta jeunesse ?

Paul Verlaine, *Sagesse*, 1881

Le Testament

[...]
XXII
Je plains le temps de ma jeunesse,
(Auquel j'ai plus qu'autre galé
Jusqu'à l'entrée de vieillesse)
Qui son partement m'a celé.
Il ne s'en est à pied allé
N'a cheval : hélas ! comment don ?
Soudainement s'en est volé
Et ne m'a laissé quelque don.

XXIII
Allé s'en est, et je demeure,
Pauvre de sens et de savoir,
Triste, failli, plus noir que meure,
Qui n'ai ni cens, ni rente, n'avoir ;
Des miens le moindre, je dis voir,
De me désavouer s'avance,
Oubliant naturel devoir,
Par faute d'un peu de chevance.
[...]

XXVI
Hé ! Dieu, si j'eusse étudié

Au temps de ma jeunesse folle
Et à bonnes mœurs dédié,
J'eusse maison et couche molle.
Mais quoi ? je fuyais l'école,
Comme fait le mauvais enfant.
En écrivant cette parole
À peu que le cœur ne me fend.
[...]

François Villon, *Le Testament*, 1461
(Orthographe et ponctuation modernisées.)

Le pont Mirabeau

Sous le pont Mirabeau coule la Seine
Et nos amours
Faut-il qu'il m'en souvienne
La joie venait toujours après la peine

Vienne la nuit sonne l'heure
Les jours s'en vont je demeure

Les mains dans les mains restons face à face
Tandis que sous
Le pont de nos bras passe
Des éternels regards l'onde si lasse

Vienne la nuit sonne l'heure
Les jours s'en vont je demeure

L'amour s'en va comme cette eau courante
L'amour s'en va
Comme la vie est lente
Et comme l'Espérance est violente

Vienne la nuit sonne l'heure
Les jours s'en vont je demeure

Passent les jours et passent les semaines
Ni temps passé
Ni les amours reviennent
Sous le pont Mirabeau coule la Seine

Vienne la nuit sonne l'heure
Les jours s'en vont je demeure

Guillaume Apollinaire, *Alcools*, 1913

Las, où est maintenant ce mépris de Fortune ?

Las, où est maintenant ce mépris de Fortune[1] ?
Où est ce cœur vainqueur de toute adversité,
Cet honnête désir de l'immortalité,
Et cette honnête flamme au peuple non commune ?

Où sont ces doux plaisirs, qu'au soir sous la nuit brune
Les Muses me donnaient, alors qu'en liberté
Dessus le vert tapis d'un rivage écarté[2]
Je les menais danser aux rayons de la Lune ?

Maintenant la Fortune est maîtresse de moi,
Et mon cœur qui soulait[3] être maître de soi,
Est serf[4] de mille maux et regrets qui m'ennuient[5].

1. Divinité antique qui est censée distribuer le malheur et le bonheur sans règle apparente, et ainsi fait que rien dans la vie des hommes n'est stable ou assuré.
2. À l'écart, isolé.
3. Avait l'habitude.
4. Esclave.
5. Me font souffrir.

De la postérité je n'ai plus de souci,
Ceste divine ardeur, je ne l'ai plus aussi,
Et les Muses de moi, comme étranges, s'enfuient.

Joachim du Bellay, *Les Regrets*, 1558
(Orthographe et ponctuation modernisées.)

Verbe et matière

J'ai je n'ai pas
J'avais eu je n'ai plus
J'aurai toujours

Un béret Un cheval de bois Un jeu de construction Un père Une mère Les taches de soleil à travers les arbres Le chant du crapaud la nuit Les orages de septembre.

J'avais je n'ai plus
Je n'aurai plus jamais

Le temps de grandir, de désirer. L'eau glacée tirée du puits Les fruits du verger Les œufs frais dans la paille. Le grenier La poussière Les images de femmes dans une revue légère Les gifles à l'heure du piano Le sein nu de la servante.

Si j'avais eu
J'aurais encore

La fuite nocturne dans les astres
La bénédiction de l'espace
L'adieu du monde à travers la
clarté La fin de toute crainte
de tout espoir L'aurore démas-
quée Tous les pièges détruits
Le temps d'avant toutes choses.

Jean Tardieu, « Dialogues typographiques »,
Formeries, 1976

Une allée du Luxembourg

Elle a passé, la jeune fille
Vive et preste comme un oiseau :
À la main une fleur qui brille,
À la bouche un refrain nouveau.

C'est peut-être la seule au monde
Dont le cœur au mien répondrait,
Qui venant dans ma nuit profonde
D'un seul regard l'éclaircirait !

Mais non, – ma jeunesse est finie...
Adieu, doux rayon qui m'as lui, –
Parfum, jeune fille, harmonie...
Le bonheur passait, – il a fui !

Gérard de Nerval, *Odelettes*, 1853

À sa maîtresse

Mignonne, allons voir si la rose
Qui ce matin avait déclose[1]
Sa robe de pourpre au soleil,
A point perdu cette vêprée[2]
Les plis de sa robe pourprée,
Et son teint au vôtre pareil.

Las ! voyez comme en peu d'espace[3],
Mignonne, elle a dessus la place
Las ! las ses beautés laissé choir[4] !
Ô vraiment marâtre Nature,
Puis qu'une telle fleur ne dure
Que du matin jusques au soir !

Donc, si vous me croyez, mignonne,
Tandis que votre âge fleuronne
En sa plus verte nouveauté,
Cueillez, cueillez votre jeunesse :
Comme à cette fleur la vieillesse
Fera ternir votre beauté.

Pierre de Ronsard, *Les Amours*, 1553
(Orthographe et ponctuation modernisées.)

1. S'était ouverte.
2. Soirée.
3. Temps.
4. Tomber.

Quand vous serez bien vieille, au soir à la chandelle

Quand vous serez bien vieille, au soir à la chandelle,
Assise auprès du feu, dévidant et filant,
Direz, chantant mes vers, en vous émerveillant :
« Ronsard me célébrait du temps que j'étais belle. »

Lors, vous n'aurez servante oyant[1] telle nouvelle,
Déjà sous le labeur à demi sommeillant,
Qui au bruit de mon nom ne s'aille réveillant,
Bénissant votre nom de louange immortelle.

Je serai sous la terre et fantôme sans os
Par les ombres myrteux[2] je prendrai mon repos ;
Vous serez au foyer une vieille accroupie,

Regrettant mon amour et votre fier dédain.
Vivez, si m'en croyez, n'attendez à demain :
Cueillez dès aujourd'hui les roses de la vie.

Pierre de Ronsard, *Sonnets pour Hélène*,
Les Œuvres, 1578
(Orthographe et ponctuation modernisées.)

1. Entendant ; « oyant » vient de « ouïr ».
2. Du myrte, plante liée à l'amour. « Ombres » est ici masculin.

Grand standigne

Un jour on démolira
ces beaux immeubles si modernes
on en cassera les carreaux
de plexiglas ou d'ultravitre
on démontera les fourneaux
construits à polytechnique
on sectionnera les antennes
collectives de tévision
on dévissera les ascenseurs
on anéantira les vide-ordures
on broiera les chauffoses
on pulvérisera les frigidons
quand ces immeubles vieilliront
du poids infini de la tristesse des choses

Raymond Queneau, *Courir les rues*, 1967

L'Oubli

Le temple est en ruine au haut du promontoire.
Et la Mort a mêlé, dans ce fauve terrain,
Les Déesses de marbre et les Héros d'airain[1]
Dont l'herbe solitaire ensevelit la gloire.

Seul, parfois, un bouvier[2] menant ses buffles boire,
De sa conque[3] où soupire un antique refrain
Emplissant le ciel calme et l'horizon marin,
Sur l'azur infini dresse sa forme noire.

La Terre maternelle et douce aux anciens Dieux
Fait à chaque printemps, vainement éloquente,
Au chapiteau brisé verdir une autre acanthe[4] ;

Mais l'Homme indifférent au rêve des aïeux
Écoute sans frémir, du fond des nuits sereines,
La Mer qui se lamente en pleurant les Sirènes.

José-Maria de Heredia, *Les Trophées*, 1893

1. Nom poétique du bronze, alliage dont on fait les statues.
2. Gardien de troupeaux de bœufs ou de buffles.
3. Coquillage dans lequel on souffle comme dans une trompette.
4. Plante qui était souvent sculptée en décoration des chapiteaux des colonnes corinthiennes.

L'Ennemi

Ma jeunesse ne fut qu'un ténébreux orage,
Traversé çà et là par de brillants soleils ;
Le tonnerre et la pluie ont fait un tel ravage,
Qu'il reste en mon jardin bien peu de fruits vermeils.

Voilà que j'ai touché l'automne des idées,
Et qu'il faut employer la pelle et les râteaux
Pour rassembler à neuf les terres inondées,
Où l'eau creuse des trous grands comme des tombeaux.

Et qui sait si les fleurs nouvelles que je rêve
Trouveront dans ce sol lavé comme une grève
Le mystique aliment qui ferait leur vigueur ?

— Ô douleur ! ô douleur ! Le Temps mange la vie,
Et l'obscur Ennemi qui nous ronge le cœur
Du sang que nous perdons croît et se fortifie !

Charles Baudelaire, *Les Fleurs du mal*, 1857

Chanson grave

Passez loin de l'horloge
elle mord elle mord
Passez loin de l'horloge
y habite la mort

Les aiguilles qui tournent
graveront vos soucis
les aiguilles qui tournent
graveront vos ennuis

Sur tous ces beaux visages
qui sourient sans savoir
sur tous ces beaux visages
se grave un désespoir

Passez loin de l'horloge
elle mord elle mord
passez loin de l'horloge
y habite la mort

Raymond Queneau, *Le chien à la mandoline,* 1965

Ce n'est pas drôle de mourir

Ce n'est pas drôle de mourir
Et d'aimer tant de choses :
La nuit bleue et les matins roses,
Les fruits lents à mûrir.

Ni que tourne en fumée
Mainte chose jadis aimée,
Tant de sources tarir...

Ô France, et vous Île de France,
Fleurs de pourpre, fruits d'or,
L'été lorsque tout dort,
Pas légers dans le corridor.

Le Gave où l'on allait nager
Enfants sous l'arche fraîche
Et le verger rose de pêches.

Paul-Jean Toulet, *Vers inédits,* 1936

La vie est plus vaine une image

La vie est plus vaine une image
Que l'ombre sur le mur.
Pourtant l'hiéroglyphe obscur
Qu'y trace ton passage

M'enchante, et ton rire pareil
Au vif éclat des armes ;
Et jusqu'à ces menteuses larmes
Qui miraient le soleil.

Mourir non plus n'est ombre vaine.
La nuit, quand tu as peur,
N'écoute pas battre ton cœur :
C'est une étrange peine.

Paul-Jean Toulet, *Les Contrerimes*, 1920

L'Épitaphe Villon
ou « Ballade des pendus »

Frères humains qui après nous vivez,
N'ayez les cœurs contre nous endurcis,
Car, si pitié de nous pauvres avez,
Dieu en aura plus tôt de vous mercis[1].
Vous nous voyez ci attachés cinq, six :
Quant de la chair que trop avons nourrie,
Elle est piéça[2] dévorée et pourrie,
Et nous, les os, devenons cendre et poudre[3].
De notre mal personne ne s'en rie ;
Mais priez Dieu que tous nous veuille absoudre !

Si frères vous clamons, pas n'en devez
Avoir dédain, quoique fûmes occis
Par justice. Toutefois, vous savez
Que tous hommes n'ont pas bon sens rassis ;
Excusez-nous, puisque sommes transis[4],
Envers le fils de la Vierge Marie,
Que sa grâce ne soit pour nous tarie,
Nous préservant de l'infernale foudre.

1. Pitié.
2. Depuis longtemps.
3. Poussière.
4. Morts.

Nous sommes morts, âme ne nous harie[1] ;
Mais priez Dieu que tous nous veuille absoudre !

La pluie nous a débués[2] et lavés,
Et le soleil desséchés et noircis ;
Pies, corbeaux, nous ont les yeux cavés[3],
Et arraché la barbe et les sourcils.
Jamais nul temps nous ne sommes assis ;
Puis çà, puis là, comme le vent varie,
À son plaisir sans cesser nous charrie,
Plus becquetés d'oiseaux que dés à coudre.
Ne soyez donc de notre confrérie ;
Mais priez Dieu que tous nous veuille absoudre !

Prince Jésus, qui sur tous a maîtrie[4],
Garde qu'Enfer n'ait de nous seigneurie :
À lui n'ayons que faire ne que soudre[5].
Hommes, ici n'a point de moquerie ;
Mais priez Dieu que tous nous veuille absoudre !

François Villon, *Poésies diverses*, vers 1470
(Orthographe et ponctuation modernisées.)

1. Personne ne nous tourmente.
2. Lessivés.
3. Nous ont creusé les yeux.
4. Maîtrise.
5. Nous n'avons rien à lui payer.

Oceano nox

Saint-Valéry-sur-Somme

Oh ! combien de marins, combien de capitaines
Qui sont partis joyeux pour des courses lointaines,
Dans ce morne horizon se sont évanouis !
Combien ont disparu, dure et triste fortune !
Dans une mer sans fond, par une nuit sans lune,
Sous l'aveugle océan à jamais enfouis !

Combien de patrons morts avec leurs équipages !
L'ouragan de leur vie a pris toutes les pages
Et d'un souffle il a tout dispersé sur les flots !
Nul ne saura leur fin dans l'abîme plongée.
Chaque vague en passant d'un butin s'est chargée ;
L'une a saisi l'esquif[1], l'autre les matelots !

Nul ne sait votre sort, pauvres têtes perdues !
Vous roulez à travers les sombres étendues,
Heurtant de vos fronts morts des écueils inconnus.
Oh ! que de vieux parents, qui n'avaient plus qu'un
[rêve,

1. Embarcation légère, fragile face à la violence de l'océan.

Sont morts en attendant tous les jours sur la grève
Ceux qui ne sont pas revenus !

On s'entretient de vous parfois dans les veillées.
Maint joyeux cercle, assis sur des ancres rouillées,
Mêle encor quelque temps vos noms d'ombre couverts
Aux rires, aux refrains, aux récits d'aventures,
Aux baisers qu'on dérobe à vos belles futures,
Tandis que vous dormez dans les goémons[1] verts !

On demande : « Où sont-ils ? sont-ils rois dans
[quelque île ?
Nous ont-ils délaissés pour un bord plus fertile ? »
Puis votre souvenir même est enseveli.
Le corps se perd dans l'eau, le nom dans la mémoire.
Le temps, qui sur toute ombre en verse une plus noire,
Sur le sombre océan jette le sombre oubli.

Bientôt des yeux de tous votre ombre est disparue.
L'un n'a-t-il pas sa barque et l'autre sa charrue ?
Seules, durant ces nuits où l'orage est vainqueur,
Vos veuves aux fronts blancs, lasses de vous attendre,
Parlent encor de vous en remuant la cendre
De leur foyer et de leur cœur !

1. Algues.

Et quand la tombe enfin a fermé leur paupière,
Rien ne sait plus vos noms, pas même une humble
[pierre
Dans l'étroit cimetière où l'écho nous répond,
Pas même un saule vert qui s'effeuille à l'automne,
Pas même la chanson naïve et monotone
Que chante un mendiant à l'angle d'un vieux pont !

Où sont-ils, les marins sombrés dans les nuits noires ?
Ô flots, que vous savez de lugubres histoires !
Flots profonds redoutés des mères à genoux !
Vous vous les racontez en montant les marées,
Et c'est ce qui vous fait ces voix désespérées
Que vous avez le soir quand vous venez vers nous !

Juillet 1836

Victor Hugo, *Les Rayons et les Ombres*, 1840

Comme on voit sur la branche au mois de mai la rose

Comme on voit sur la branche au mois de mai la rose,
En sa belle jeunesse, en sa première fleur,
Rendre le ciel jaloux de sa vive couleur,
Quand l'Aube de ses pleurs au point du jour l'arrose ;

La grâce dans sa feuille, et l'amour se repose,
Embaumant les jardins et les arbres d'odeur ;
Mais battue ou de pluie, ou d'excessive ardeur,
Languissante elle meurt, feuille à feuille déclose[1].

Ainsi en ta première et jeune nouveauté,
Quand la Terre et le Ciel honoraient ta beauté,
La Parque[2] t'a tuée, et cendre tu reposes.

Pour obsèques reçois mes larmes et mes pleurs,
Ce vase plein de lait, ce panier plein de fleurs,
Afin que vif et mort ton corps ne soit que roses.

Pierre de Ronsard, *Le Second Livre des Amours*, 1552
(Orthographe et ponctuation modernisées.)

1. Ouverte.
2. Les Parques sont les divinités romaines liées à la destinée humaine et à la mort.

Demain, dès l'aube, à l'heure où blanchit la campagne

Demain, dès l'aube, à l'heure où blanchit la campagne,
Je partirai. Vois-tu, je sais que tu m'attends.
J'irai par la forêt, j'irai par la montagne.
Je ne puis demeurer loin de toi plus longtemps.

Je marcherai les yeux fixés sur mes pensées,
Sans rien voir au dehors, sans entendre aucun bruit,
Seul, inconnu, le dos courbé, les mains croisées,
Triste, et le jour pour moi sera comme la nuit.

Je ne regarderai ni l'or du soir qui tombe,
Ni les voiles au loin descendant vers Harfleur[1],
Et quand j'arriverai, je mettrai sur ta tombe
Un bouquet de houx vert et de bruyère en fleur.

3 septembre 1847

Victor Hugo, *Les Contemplations*, 1856

1. Port de Normandie.

L'adieu

J'ai cueilli ce brin de bruyère
L'automne est morte souviens-t'en
Nous ne nous verrons plus sur terre
Odeur du temps brin de bruyère
Et souviens-toi que je t'attends

Guillaume Apollinaire, *Alcools*, 1913

Romances sans musique

En Arles

Dans Arles, où sont les Aliscams[1],
Quand l'ombre est rouge, sous les roses,
Et clair le temps,

Prends garde à la douceur des choses.
Lorsque tu sens battre sans cause
Ton cœur trop lourd ;

Et que se taisent les colombes :
Parle tout bas, si c'est d'amour,
Au bord des tombes.
[...]

Paul-Jean Toulet, *Les Contrerimes*, 1920

1. Allées bordées de tombes antiques.

Amours

Alfred George Elsie Benjamin Elsa Louis
Mon pauvre cœur pour un regard de tes beaux yeux
JE TE LE DONNE Mes songes te ressemblent
Je pense à toi
Aime-moi
mon Lou je t'adore
Lou
Mon LOU la nuit descend
tu es à moi je t'AIME toi ma très chère amour
RENÉ-GUY
Louise
VICTOR
Gala
Olivier
PAUL
Guillaume
Hélène
LOU
Pierre
Youki
Robert
Thibaut
Agnès
Juliette
Maurice
Cassandre
Pernette
PAUL
Arthur

Eluard le dit merveilleusement : l'amour la poésie.
Deux mots à jamais conjoints. Peut-être parce que l'un et l'autre sont capables de transformer l'homme, pour un instant, ou à tout jamais, en un autre.
De donner accès à une part jusque-là inconnue de nous-même. Qui pourrait bien être la meilleure.
Même si la puissance de l'amour se révèle parfois dans l'absence de l'aimé(e)...

Conte de fée

Il était un grand nombre de fois
Un homme qui aimait une femme
Il était un grand nombre de fois
Une femme qui aimait un homme
Il était un grand nombre de fois
Une femme et un homme
Qui n'aimaient pas celui et celle qui les aimaient

Il était une fois
Une seule fois peut-être
Une femme et un homme qui s'aimaient.

Robert Desnos, vers 1930-1932, *Destinée arbitraire,*
1975 (édition posthume)

Le jardin

Des milliers et des milliers d'années
Ne sauraient suffire
Pour dire
La petite seconde d'éternité
Où tu m'as embrassé
Où je t'ai embrassée
Un matin dans la lumière de l'hiver
Au Parc Montsouris à Paris
À Paris
Sur la terre
La terre qui est un astre.

Jacques Prévert, *Paroles,* 1945

Il y a

Il y a des petits ponts épatants
Il y a mon cœur qui bat pour toi
Il y a une femme triste sur la route
Il y a un beau petit cottage dans un jardin
Il y a six soldats qui s'amusent comme des fous
Il y a mes yeux qui cherchent ton image
Il y a un petit bois charmant sur la colline
Et un vieux territorial[1] pisse quand nous passons
Il y a un poète qui rêve au ptit Lou
Il y a un ptit Lou exquis dans ce grand Paris
Il y a une batterie dans une forêt
Il y a un berger qui paît ses moutons
Il y a ma vie qui t'appartient
Il y a mon porte-plume réservoir qui court qui court
Il y a un rideau de peupliers délicat délicat
Il y a toute ma vie passée qui est bien passée
Il y a des rues étroites à Menton où nous nous
[sommes aimés
Il y a une petite fille de Sospel qui fouette ses
[camarades
Il y a mon fouet de conducteur dans mon sac à avoine
Il y a des wagons belges sur la voie

1. Soldat, membre de ce qu'on appelait l'armée territoriale.

Il y a mon amour
Il y a toute la vie
Je t'adore

Guillaume Apollinaire (1915), *Poèmes à Lou*, 1955
(édition posthume)

Allô

Mon avion en flammes mon château inondé
[de vin du Rhin
mon ghetto d'iris noir mon oreille de cristal
mon rocher dévalant la falaise pour écraser le garde-
[champêtre
mon escargot d'opale mon moustique d'air
mon édredon de paradisiers ma chevelure d'écume
[noire
mon tombeau éclaté ma pluie de sauterelles rouges
mon île volante mon raisin de turquoise
ma collision d'autos folles et prudentes ma plate-bande
[sauvage
mon pistil de pissenlit projeté dans mon œil
mon oignon de tulipe dans le cerveau
ma gazelle égarée dans un cinéma des boulevards
ma cassette de soleil mon fruit de volcan
mon rire d'étang caché où vont se noyer les prophètes
[distraits
mon inondation de cassis mon papillon de morille
ma cascade bleue comme une lame de fond qui fait le
[printemps
mon revolver de corail dont la bouche m'attire comme
[l'œil d'un puits
scintillant

glacé comme le miroir où tu contemples la fuite
[des oiseaux-mouches de ton regard
perdu dans une exposition de blanc encadrée de
[momies
je t'aime

Benjamin Péret, *Je sublime*, 1936

Chant du ciel

La fleur des Alpes disait au coquillage : « tu luis »
Le coquillage disait à la mer : « tu résonnes »
La mer disait au bateau : « tu trembles »
Le bateau disait au feu : « tu brilles »
Le feu me disait : « je brille moins que ses yeux »
Le bateau me disait : « je tremble moins que ton
[cœur quand elle paraît »
Le mer me disait : « je résonne moins que son
[nom en ton amour »
Le coquillage me disait : « je luis moins que
[le phosphore du désir dans ton rêve creux »
La fleur des Alpes me disait : « elle est belle »
Je disais : « elle est belle, elle est belle, elle est
[émouvante ».

Robert Desnos, « Ténèbres », *Corps et biens*, 1930

Je t'attendais

Je t'attendais ainsi qu'on attend les navires
Dans les années de sécheresse quand le blé
Ne monte pas plus haut qu'une oreille dans l'herbe
Qui écoute apeurée la grande voix du temps

Je t'attendais et tous les quais toutes les routes
Ont retenti du pas brûlant qui s'en allait
Vers toi que je portais déjà sur mes épaules
Comme une douce pluie qui ne sèche jamais

Tu ne remuais encor que par quelques paupières
Quelques pattes d'oiseaux dans les vitres gelées
Je ne voyais en toi que cette solitude
Qui posait ses deux mains de feuille sur mon cou

Et pourtant c'était toi dans le clair de ma vie
Ce grand tapage matinal qui m'éveillait
Tous mes oiseaux tous mes vaisseaux tous mes pays
Ces astres ces millions d'astres qui se levaient
[...]

René-Guy Cadou, « Quatre Poèmes d'Amour à Hélène » (1948), *Poésie la vie entière, œuvres complètes*

L'amoureuse

Elle est debout sur mes paupières
Et ses cheveux sont dans les miens
Elle a la forme de mes mains,
Elle a la couleur de mes yeux,
Elle s'engloutit dans mon ombre
Comme une pierre sur le ciel.

Elle a toujours les yeux ouverts
Et ne me laisse pas dormir.
Ses rêves en pleine lumière
Font s'évaporer les soleils,
Me font rire, pleurer et rire,
Parler sans avoir rien à dire.

Paul Eluard, « Mourir de ne pas mourir »,
Capitale de la douleur, 1926

Poème à dire

La LIBERTÉ ne s'écrit pas sur la forme changeante
[des nuages
La liberté n'est pas une sirène cachée au fond des eaux
La liberté ne vole pas au gré des vents
Comme la lunule du pissenlit
La liberté en robe de ciel ne va pas dîner chez les rats
Elle n'allume pas ses bougies de Noël
Aux lampions du 14 juillet

La liberté je lui connais un nom plus court
Ma liberté s'appelle Amour
Elle a la forme d'un visage
Elle a le visage du bonheur

Marcel Béalu, *Poèmes 1936-1980*, 1981

Mon bras pressait ta taille frêle

Mon bras pressait ta taille frêle
Et souple comme le roseau ;
Ton sein palpitait comme l'aile
D'un jeune oiseau.

Longtemps muets, nous contemplâmes
Le ciel où s'éteignait le jour.
Que se passait-il dans nos âmes ?
Amour ! Amour !

Comme un ange qui se dévoile,
Tu me regardais, dans ma nuit,
Avec ton beau regard d'étoile,
Qui m'éblouit.

Forêt de Fontainebleau, juillet 18..

Victor Hugo, *Les Contemplations,* 1856

Plutôt seront Rhône et Saône disjoints

Plutôt seront Rhône et Saône[1] disjoints,
Que d'avec toi mon cœur se désassemble :
Plutôt seront l'un et l'autre mont joints,
Qu'avecques nous aucun discord s'assemble[2] :
Plutôt verrons et toi et moi ensemble
Le Rhône aller contremont lentement,
Saône monter très violentement,
Que ce mien feu, tant soit peu, diminue,
Ni que ma foi décroisse aucunement.
Car ferme amour sans eux est plus que nue[3].

Maurice Scève, *Délie*, 1544
(Orthographe et ponctuation modernisées.)

1. Le Rhône et la Saône coulent, l'un à côté de l'autre, à Lyon, la ville de Maurice Scève.
2. Que nous ayons un désaccord.
3. Nuages.

Comme un qui s'est perdu dans la forêt profonde

Comme un qui s'est perdu dans la forêt profonde
Loin de chemin, d'orée[1] et d'adresse, et de gens ;
Comme un qui en la mer grosse d'horribles vents,
Se voit presque engloutir des grands[2] vagues de l'onde ;

Comme un qui erre aux champs, lors que la nuit au
[monde
Ravit toute clarté, j'avais perdu longtemps
Voie, route, et lumière, et presque avec le sens,
Perdu longtemps l'objet, où plus mon heur[3] se fonde.

Mais quand on voit, ayant ces maux fini leur tour,
Aux bois, en mer, aux champs, le bout, le port, le jour,
Ce bien présent plus grand que son mal on vient croire.

1. Limite, bord de la forêt.
2. L'adjectif ne distinguait pas entre masculin et féminin en latin (cf. « grand-mère »).
3. Bonheur.

Moi donc qui ai tout tel en votre absence été,
J'oublie, en revoyant votre heureuse clarté,
Forêt, tourmente, et nuit, longue, orageuse, et noire.

Étienne Jodelle, *Les Amours*, 1574
(Orthographe et ponctuation modernisées.)

Ciel, air et vents, plains et monts découverts

Ciel, air et vents, plains et monts découverts,
Tertres vineux[1] et forêts verdoyantes,
Rivages torts[2] et sources ondoyantes,
Taillis rasés et vous bocages verts ;

Antres moussus à demi-front ouverts,
Prés, boutons, fleurs et herbes roussoyantes,
Vallons bossus et plages blondoyantes,
Et vous rochers, les hôtes de mes vers ;

Puis qu'au partir, rongé de soin et d'ire[3],
À ce bel œil Adieu je n'ai su dire,
Qui près et loin me détient en émoi,

Je vous supplie, Ciel, air, vents, monts et plaines,
Taillis, forêts, rivages et fontaines,
Antres, prés, fleurs, dites-le-lui pour moi.

Pierre de Ronsard, *Le Premier Livre des Amours,* 1552
(Orthographe et ponctuation modernisées.)

1. Petites collines recouvertes de vignes.
2. Qui serpentent.
3. Colère.

Ô doux regards, ô yeux pleins de beauté

Ô doux regards, ô yeux pleins de beauté,
Petits jardins pleins de fleurs amoureuses
Où sont d'Amour les flèches dangereuses,
Tant à vous voir mon œil s'est arrêté !

Ô cœur félon, ô rude cruauté,
Tant tu me tiens de façons rigoureuses,
Tant j'ai coulé de larmes langoureuses,
Sentant l'ardeur de mon cœur tourmenté !

Doncques, mes yeux, tant de plaisir avez,
Tant de bons tours par ces yeux recevez ;
Mais toi, mon cœur, plus les vois s'y complaire.

Plus tu languis, plus en as de soucis,
Or devinez si je suis aise aussi,
Sentant mon œil être à mon cœur contraire.

Louise Labé, *Élégies et sonnets*, 1555
(Orthographe et ponctuation modernisées.)

Je vis, je meurs ; je me brûle et me noie

Je vis, je meurs ; je me brûle et me noie ;
J'ai chaud extrême en endurant froidure :
La vie m'est et trop molle et trop dure.
J'ai grands ennuis[1] entremêlés de joie.

Tout à un coup je ris et je larmoie,
Et en plaisir maint grief tourment j'endure[2] ;
Mon bien s'en va, et à jamais il dure ;
Tout en un coup je sèche et je verdoie.

Ainsi Amour inconstamment me mène ;
Et, quand je pense avoir plus de douleur,
Sans y penser je me trouve hors de peine.

Puis, quand je crois ma joie être certaine,
Et être au haut de mon désiré heur[3],
Il me remet en mon premier malheur.

Louise Labé, *Élégies et sonnets*, 1555
(Orthographe et ponctuation modernisées.)

1. Souffrances.
2. J'endure beaucoup de graves tourments.
3. Bonheur.

Comme un chevreuil, quand le printemps détruit

Comme un chevreuil, quand le printemps détruit
L'oiseux[1] cristal de la morne gelée,
Pour mieux brouter l'herbette emmielée
Hors de son boys avec l'Aube s'en fuit ;

Et seul, et seur[2], loin de chiens et de bruit,
Or[3] sur un mont, or dans une vallée,
Or près d'une onde à l'écart recelée,
Libre folâtre où son pied le conduit ;

De rets[4] ni d'arc sa liberté n'a crainte,
Sinon alors que sa vie est atteinte,
D'un trait meurtrier empourpré de son sang :

Ainsi j'allais sans espoir de dommage,
Le jour qu'un œil sur l'avril de mon âge
Tira d'un coup mille traits dans mon flanc.

Pierre de Ronsard, *Le Premier Livre des Amours*, 1584
(Orthographe et ponctuation modernisées.)

1. Inutile.
2. Sûr, tranquille.
3. À un moment.
4. Filets.

Je suis comme la licorne

Je suis comme la licorne[1]
Troublée de contempler
La jeune fille qui l'enchante,
Si joyeuse de son supplice
Que pâmée[2] elle tombe en son giron[3],
Et qu'on la tue alors par trahison.
Moi aussi, avec de semblables appâts m'ont tué
Amour et ma dame, en vérité :
Ils ont mon cœur que je ne puis reprendre.

Madame, quand devant vous je fus
Et vous vis pour la première fois,
Mon cœur battait si fort
Qu'il resta avec vous quand je m'en fus.
Il fut alors emmené sans rançon,
Prisonnier de la douce geôle[4]
Dont les piliers sont de désir,
Les portes d'agréable vision
Et les chaînes de tendre espoir.

1. Dans les légendes, les licornes s'évanouissent à la vue de jeunes filles et peuvent ainsi être capturées ou tuées par les hommes.
2. Évanouie.
3. Sur ses genoux.
4. Prison.

De la geôle Amour a la clef,
Et il a mis trois portiers :
Beau Semblant se nomme le premier,
Beauté en est le maître,
Danger se tient à l'entrée,
Répugnant traître vil et puant,
Malfaisant et scélérat.
Ces trois-là, vifs et hardis,
Ont vite fait d'attraper un homme.

Qui pourrait souffrir les affronts
Et les attaques de ces portiers ?
Jamais Roland ni Olivier
Ne vainquirent en si rudes combats
Ils vainquirent en se battant,
Mais ceux-là, on les vainc en s'humiliant.
Souffrance porte l'étendard
En ce combat dont je vous parle,
Et il n'est de salut qu'en la pitié.

Madame, je ne redoute rien autant
Que de faillir à votre amour.
J'ai tant appris à souffrir
Que je suis à vous par habitude.
Même si vous en étiez fâchée,
Je ne pourrais m'en séparer
Sans en garder le souvenir,

Sans que mon cœur soit toujours
En prison, près de moi.

Madame, puisque je ne sais feindre,
Pitié serait mieux de saison
Que de soutenir si lourd fardeau.

Thibaud de Champagne
(Orthographe et ponctuation modernisées.)

Et la mer et l'amour ont l'amer pour partage

Et la mer et l'amour ont l'amer pour partage,
Et la mer est amère, et l'amour est amer,
L'on s'abîme en l'amour aussi bien qu'en la mer,
Car la mer et l'amour ne sont point sans orage.

Celui qui craint les eaux qu'il demeure au rivage,
Celui qui craint les maux qu'on souffre pour aimer,
Qu'il ne se laisse pas à l'amour enflammer,
Et tous deux ils seront sans hasard de naufrage.

La mère de l'amour eut la mer pour berceau,
Le feu sort de l'amour, sa mère sort de l'eau,
Mais l'eau contre ce feu ne peut fournir des armes.

Si l'eau pouvait éteindre un brasier amoureux,
Ton amour qui me brûle est si fort douloureux,
Que j'eusse éteint son feu de la mer de mes larmes.

Pierre de Marbeuf, « Pour Phillis. Le Miracle d'Amour »,
Recueil des vers de Monsieur de Marbeuf, 1628
(Orthographe et ponctuation modernisées.)

Sur Job[1]

Job[2] de mille tourments atteint,
Vous rendra sa douleur connue,
Et raisonnablement il craint
Que vous n'en soyez point émue.

Vous verrez sa misère nue ;
Il s'est lui-même ici dépeint ;
Accoutumez-vous à la vue
D'un homme qui souffre et se plaint.

Bien qu'il eût d'extrêmes souffrances,
On voit aller des patiences,
Plus loin que la sienne n'alla.

Il souffrit des maux incroyables ;
Il s'en plaignit, il en parla :
J'en connais de plus misérables.

Isaac de Benserade, *Œuvres*, 1697

1. Ce sonnet, comme celui de Voiture, était très célèbre au XVIIe siècle. On se disputait même, un peu par jeu, dans les salons pour savoir lequel était le meilleur. Il y avait le clan des « jobelins » et celui des « uranins ».
2. Job est un personnage biblique, qui avait été mis à l'épreuve par Dieu. Il avait tout perdu, sa fortune, ses enfants, et était rongé par la maladie.

Il faut finir mes jours en l'amour d'Uranie

Il faut finir mes jours en l'amour d'Uranie :
L'absence ni le temps ne m'en sauraient guérir,
Et je ne vois plus rien qui me pût secourir,
Ni qui sût rappeler ma liberté bannie.

Dès longtemps je connais sa rigueur infinie ;
Mais pensant aux beautés, pour qui je dois périr,
Je bénis mon martyre, et content de mourir,
Je n'ose murmurer contre sa tyrannie.

Quelquefois ma raison par de faibles discours
M'incite à la révolte et me promet secours ;
Mais lorsqu'à mon besoin je me veux servir d'elle

Après beaucoup de peine et d'efforts impuissants,
Elle dit qu'Uranie est seule aimable et belle,
Et m'y rengage plus que ne font tous mes sens.

Vincent Voiture (1620), *Œuvres*, 1650
(édition posthume)

Chanson

Si vous n'avez rien à me dire,
Pourquoi venir auprès de moi ?
Pourquoi me faire ce sourire
Qui tournerait la tête au roi ?
Si vous n'avez rien à me dire,
Pourquoi venir auprès de moi ?

Si vous n'avez rien à m'apprendre,
Pourquoi me pressez-vous la main ?
Sur le rêve angélique et tendre
Auquel vous songez en chemin,
Si vous n'avez rien à m'apprendre,
Pourquoi me pressez-vous la main ?

Si vous voulez que je m'en aille,
Pourquoi passez-vous par ici ?
Lorsque je vous vois, je tressaille :
C'est ma joie et c'est mon souci.
Si vous voulez que je m'en aille,
Pourquoi passez-vous par ici ?

Mai 18..

Victor Hugo, *Les Contemplations*, 1856

Chanson : À Saint-Blaise, à la Zuecca

À Saint-Blaise, à la Zuecca[1],
Vous étiez, vous étiez bien aise
À Saint-Blaise.
À Saint-Blaise, à la Zuecca,
Nous étions bien là.

Mais de vous en souvenir
Prendrez-vous la peine ?
Mais de vous en souvenir
Et d'y revenir,

À Saint-Blaise, à la Zuecca,
Dans les prés fleuris cueillir la verveine,
À Saint-Blaise, à la Zuecca,
Vivre et mourir là !

Alfred de Musset, *Poésies nouvelles*, 1850

1. Quartier de Venise.

Colloque sentimental

Dans le vieux parc solitaire et glacé,
Deux formes ont tout à l'heure passé.

Leurs yeux sont morts et leurs lèvres sont molles,
Et l'on entend à peine leurs paroles.

Dans le vieux parc solitaire et glacé,
Deux spectres ont évoqué le passé.

— Te souvient-il de notre extase ancienne ?
— Pourquoi voulez-vous donc qu'il m'en souvienne ?

— Ton cœur bat-il toujours à mon seul nom ?
Toujours vois-tu mon âme en rêve ? — Non.

— Ah ! les beaux jours de bonheur indicible
Où nous joignions nos bouches ! — C'est possible.

Qu'il était bleu, le ciel, et grand l'espoir !
— L'espoir a fui, vaincu, vers le ciel noir.

Tels ils marchaient dans les avoines folles,
Et la nuit seule entendit leurs paroles.

Paul Verlaine, *Fêtes galantes,* 1869

Mon Rêve familier

Je fais souvent ce rêve étrange et pénétrant
D'une femme inconnue, et que j'aime, et qui m'aime
Et qui n'est, chaque fois, ni tout à fait la même
Ni tout à fait une autre, et m'aime et me comprend.

Car elle me comprend, et mon cœur, transparent
Pour elle seule, hélas ! cesse d'être un problème
Pour elle seule, et les moiteurs de mon front blême,
Elle seule les sait rafraîchir, en pleurant.

Est-elle brune, blonde ou rousse ? – Je l'ignore.
Son nom ? Je me souviens qu'il est doux et sonore
Comme ceux des aimés que la Vie exila.

Son regard est pareil au regard des statues,
Et, pour sa voix, lointaine, et calme, et grave, elle a
L'inflexion des voix chères qui se sont tues.

Paul Verlaine, *Poèmes saturniens*, 1866

Les cloches

Mon beau tzigane mon amant
Écoute les cloches qui sonnent
Nous nous aimions éperdument
Croyant n'être vus de personne

Mais nous étions bien mal cachés
Toutes les cloches à la ronde
Nous ont vus du haut des clochers
Et le disent à tout le monde

Demain Cyprien et Henri
Marie Ursule et Catherine
La boulangère et son mari
Et puis Gertrude ma cousine

Souriront quand je passerai
Je ne saurai plus où me mettre
Tu seras loin Je pleurerai
J'en mourrai peut-être

Guillaume Apollinaire, *Alcools*, 1913

Et un sourire

La nuit n'est jamais complète
Il y a toujours puisque je le dis
Puisque je l'affirme
Au bout du chagrin une fenêtre ouverte
Une fenêtre éclairée
Il y a toujours un rêve qui veille
Désir à combler faim à satisfaire
Un cœur généreux
Une main tendue une main ouverte
Des yeux attentifs
Une vie la vie à se partager.

Paul Eluard, *Derniers poèmes d'amour*

Je te l'ai dit pour les nuages...

Je te l'ai dit pour les nuages
Je te l'ai dit pour l'arbre de la mer
Pour chaque vague pour les oiseaux dans les feuilles
Pour les cailloux du bruit
Pour les mains familières
Pour l'œil qui devient visage ou paysage
Et le sommeil lui rend le ciel de sa couleur
Pour toute la nuit bue
Pour la grille des routes
Pour la fenêtre ouverte pour un front découvert
Je te l'ai dit pour tes pensées pour tes paroles
Toute caresse toute confiance se survivent.

Paul Eluard, *L'amour la poésie*, 1929

Nature

La nature comme voix.
Captée par le poète mage.
Écoutée par l'homme sensible.
Écho de la voix propre des hommes.
La nature comme spectacle, effrayant ou touchant, gigantesque ou intime.
La nature vivante, avec ses animaux.
Les animaux, images de l'homme, images de ses rêves et de ses désirs.
C'est la nature en poésie...

Derniers beaux jours

Cristal de septembre,
fragile, embué
d'un souffle léger,

la prunelle est bleue
le long du sentier
confus de clarté,

paroles dorées
qu'une voix timide
prononce à l'orée

des bois vieillissants
donnez à ma vie
quelque ombre de sens.

Henri Thomas, *Le monde absent*, 1947

Le Vent

Sur la bruyère longue infiniment,
Voici le vent cornant[1] Novembre,
Sur la bruyère, infiniment,
Voici le vent
Qui se déchire et se démembre,
En souffles lourds, battant les bourgs,
Voici le vent,
Le vent sauvage de Novembre.

Aux puits des fermes,
Les seaux de fer et les poulies
Grincent ;
Aux citernes des fermes.
Les seaux et les poulies
Grincent et crient
Toute la mort, dans leurs mélancolies.

Le vent rafle, le long de l'eau,
Les feuilles mortes des bouleaux,
Le vent sauvage de Novembre ;
Le vent mord, dans les branches,
Des nids d'oiseaux ;

1. Annonçant en sonnant du cor.

Le vent râpe du fer
Et peigne, au loin, les avalanches,
Rageusement du vieil hiver,
Rageusement, le vent,
Le vent sauvage de Novembre.

Dans les étables lamentables,
Les lucarnes rapiécées
Ballottent leurs loques falotes[1]
De vitres et de papier.
– Le vent sauvage de Novembre ! –
Sur sa butte de gazon bistre,
De bas en haut, à travers airs,
De haut en bas, à coups d'éclairs,
Le moulin noir fauche, sinistre,
Le moulin noir fauche le vent,
Le vent,
Le vent sauvage de Novembre.

Les vieux chaumes, à cropetons[2],
Autour de leurs clochers d'église.
Sont ébranlés sur leurs bâtons ;
Les vieux chaumes et leurs auvents
Claquent au vent,
Au vent sauvage de Novembre.

1. Dérisoires, un peu comiques.
2. Accroupis.

Les croix du cimetière étroit,
Les bras des morts que sont ces croix,
Tombent, comme un grand vol,
Rabattu noir, contre le sol.

Le vent sauvage de Novembre,
Le vent,
L'avez-vous rencontré le vent,
Au carrefour des trois cents routes,
Criant de froid, soufflant d'ahan,
L'avez-vous rencontré le vent,
Celui des peurs et des déroutes ;
L'avez-vous vu, cette nuit-là,
Quand il jeta la lune à bas,
Et que, n'en pouvant plus,
Tous les villages vermoulus
Criaient, comme des bêtes,
Sous la tempête ?

Sur la bruyère, infiniment,
Voici le vent hurlant,
Voici le vent cornant Novembre.

Émile Verhaeren, *Les Villages illusoires*, 1895

Marine

L'océan sonore
Palpite sous l'œil
De la lune en deuil
Et palpite encore,

Tandis qu'un éclair
Brutal et sinistre
Fend le ciel de bistre
D'un long zigzag clair,

Et que chaque lame
En bonds convulsifs
Le long des récifs
Va, vient, luit et clame,

Et qu'au firmament,
Où l'ouragan erre,
Rugit le tonnerre
Formidablement.

Paul Verlaine, *Poèmes saturniens*, 1866

Hiver, vous n'êtes qu'un vilain

Hiver, vous n'êtes qu'un vilain[1] !
Été est plaisant et gentil,
En témoin de Mai et d'Avril[2]
Qui l'accompagnent soir et main[3].

Été revêt champs, bois et fleurs,
De sa livrée de verdure
Et de maintes autres couleurs,
Par l'ordonnance de Nature.

Mais vous, Hiver, trop êtes trop plain
De neige, vent, pluie et grésil[4] ;
On vous dût bannir en exil[5].
Sans point flatter, je parle plain[6],
Hiver, vous n'êtes qu'un vilain !

Charles d'Orléans, *Rondeaux*, vers 1450
(Orthographe et ponctuation modernisées.)

1. Homme du village, roturier, par opposition au noble.
2. Comme en témoignent Mai et Avril.
3. Matin.
4. Grêle.
5. On aurait dû vous bannir.
6. Franchement, sans détours.

1955 – Janvier

La neige charge l'herbe fine. Elle tombe en tournoyant comme les graines de l'érable, comme une seule ample et silencieuse graine blanche sur le village.
Ou la lune mince au-dessus des ramilles noires.

Philippe Jaccottet, *La semaison. Carnets 1954-1979*, 1984

L'Hiver des Alpes

Ces atomes de feu qui sur la neige brillent,
Ces étincelles d'or, d'azur et de cristal
Dont l'hiver, au soleil, d'un lustre oriental
Pare ses cheveux blancs que les vents éparpillent ;

Ce beau coton du ciel de quoi les monts s'habillent,
Ce pavé transparent fait du second métal[1],
Et cet air net et sain, propre à l'esprit vital,
Sont si doux à mes yeux que d'aise ils en pétillent.

Cette saison me plaît, j'en aime la froideur ;
Sa robe d'innocence et de pure candeur
Couvre en quelque façon les crimes de la terre.

Aussi l'Olympien[2] la voit d'un front humain ;
Sa colère l'épargne, et jamais le tonnerre
Pour désoler ses jours ne partit de sa main.

Marc-Antoine Girard de Saint-Amant, *Œuvres*, 1661
(Orthographe et ponctuation modernisées.)

1. Argent.
2. Zeus, qui envoie la foudre.

Le temps a laissé son manteau

Le temps a laissé son manteau
De vent, de froidure et de pluie,
Et s'est vêtu de broderie,
De soleil luisant, clair et beau.

Il n'y a bête, ni oiseau,
Qu'en son jargon ne chante ou crie
Le temps a laissé son manteau
De vent, de froidure et de pluie.

Rivière, fontaine et ruisseau
Portent, en livrée jolie,
Gouttes d'argent, d'orfèvrerie ;
Chacun s'habille de nouveau
Le temps a laissé son manteau.

Charles d'Orléans, *Rondeaux*, vers 1450
(Orthographe et ponctuation modernisées.)

Mai

Le mai le joli mai en barque sur le Rhin
Des dames regardaient du haut de la montagne
Vous êtes si jolies mais la barque s'éloigne
Qui donc a fait pleurer les saules riverains

Or des vergers fleuris se figeaient en arrière
Les pétales tombés des cerisiers de mai
Sont les ongles de celle que j'ai tant aimée
Les pétales flétris sont comme ses paupières

Sur le chemin du bord du fleuve lentement
Un ours un singe un chien menés par des tziganes
Suivaient une roulotte traînée par un âne
Tandis que s'éloignait dans les vignes rhénanes
Sur un fifre[1] lointain un air de régiment

Le mai le joli mai a paré les ruines
De lierre de vigne vierge et de rosiers
Le vent du Rhin secoue sur le bord les osiers
Et les roseaux jaseurs et les fleurs nues des vignes

Guillaume Apollinaire, *Alcools*, 1913

1. Petite flûte aiguë, qui joue un air militaire.

Unité

Par-dessus l'horizon aux collines brunies,
Le soleil, cette fleur des splendeurs infinies,
Se penchait sur la terre à l'heure du couchant ;
Une humble marguerite, éclose au bord d'un champ,
Sur un mur gris, croulant parmi l'avoine folle,
Blanche, épanouissait sa candide auréole ;
Et la petite fleur, par-dessus le vieux mur,
Regardait fixement, dans l'éternel azur,
Le grand astre épanchant sa lumière immortelle.
« Et, moi, j'ai des rayons aussi ! » lui disait-elle.

Granville, juillet 1836

Victor Hugo, *Les Contemplations*, 1856

Voix des arbres

Les arbres timides et forts
La nuit parlent à voix haute
Mais si simple est leur langage
Qu'il n'effraie pas les oiseaux

Près du cimetière où les morts
Remuent leurs lèvres de cendre
Le printemps en flocons roses
Rit comme une jeune fille

Et parfois comme le cœur
Prisonnier d'un vieil amour
La forêt pousse un long cri
En secouant ses barreaux.

Marcel Béalu, *Poèmes 1936-1980*, 1981

Chaleur

L'ombre du tilleul tourne dans la cour.
La fontaine fait un bruit de tambour.

Un oiseau s'envole du poirier ; le mur
brûle ; sur le toit brun et rouge,
la fumée d'un feu de bois bouge
contre le ciel tellement bleu qu'il est obscur.

On n'entend pas un bruit dans les champs ;
personne n'est en vue sur la route ;
seules dans les poulaillers, les poules
gloussent encore, de temps en temps.

Puis plus rien qu'un arbre qui penche,
dans l'opacité de ses branches,
avec son ombre, de côté,
comme sous un poids qui l'accable ;
et cet autre se laisse aller
en avant, comme un dormeur
qui a les coudes sur la table.

Charles-Ferdinand Ramuz, *Derborence*

Sensation

Par les soirs bleus d'été, j'irai dans les sentiers,
Picoté par les blés, fouler l'herbe menue :
Rêveur, j'en sentirai la fraîcheur à mes pieds.
Je laisserai le vent baigner ma tête nue.

Je ne parlerai pas, je ne penserai rien :
Mais l'amour infini me montera dans l'âme,
Et j'irai loin, bien loin, comme un bohémien,
Par la Nature, – heureux comme avec une femme.

Arthur Rimbaud, mars 1870

La mirabelle

Mirabelle belle Marie
Mirabelle goutte de lune
Mirabelle sauvagerie
Mirabelle qui êtes prune
Mirabelle serez cueillie

La groseille

Bouquets de perles églantines
Des doigts de femmes aux corbeilles
Écarlates des grands soleils
Pris aux joailleries de Chine
Les étés pleurent des groseilles

La tomate

Sensuelle tomate
Le rouge de mon sang
Est pur comme l'agate
De vos rougissements

Le melon

Midis adolescents
Jardins qui s'ankylosent
Un oiseau se pose
Et à nos tables de lin blanc
Manger ta chair rose
Dans des bols d'argent

Louis Calaferte, *Fruits*, 1992
Avec l'aimable autorisation des Éditions Hesse.

L'échelonnement des haies

L'échelonnement des haies
Moutonne à l'infini, mer
Claire dans le brouillard clair
Qui sent bon les jeunes baies.

Des arbres et des moulins
Sont légers sous le vert tendre
Où vient s'ébattre et s'étendre
L'agilité des poulains.

Dans ce vague d'un dimanche
Voici se jouer aussi
De grandes brebis aussi
Douces que leur laine blanche.

Tout à l'heure déferlait
L'onde, roulée en volutes,
De cloches comme des flûtes
Dans le ciel comme du lait.

Paul Verlaine, *Sagesse*, 1881

Arbre qui fut jadis planté...

A
rbre
qui fut ja
dis planté par
V
i
c
T
O
R
H
U
G
O

Guillaume Apollinaire (1914), « Montparnasse »,
Poèmes retrouvés, recueillis dans *Œuvres poétiques,* 1956

Il était une feuille

Il était une feuille avec ses lignes
Ligne de vie
Ligne de chance
Ligne de cœur
Il était une branche au bout de la feuille
Ligne fourchue signe de vie
Signe de chance
Signe de cœur
Il était un arbre au bout de la branche
Un arbre digne de vie
Digne de chance
Digne de cœur
Cœur gravé, percé, transpercé,
Un arbre que nul jamais ne vit.
Il était des racines au bout de l'arbre
Racines vignes de vie
Vignes de chance
Vignes de cœur
Au bout des racines il était la terre
La terre tout court
La terre toute ronde

La terre toute seule au travers du ciel
La terre.

Robert Desnos, « Portes battantes », *Fortunes*, 1942

Élégie XXIV

[...]
Écoute, bûcheron, arrête un peu le bras ;
Ce ne sont pas des bois que tu jettes à bas ;
Ne vois-tu pas le sang lequel dégoutte à force[1]
Des nymphes qui vivaient dessous la dure écorce ?
Sacrilège meurtrier, si on pend un voleur
Pour piller un butin de bien peu de valeur,
Combien de feux, de fers, de morts et de détresses
Mérites-tu, méchant, pour tuer des déesses ?
Forêt, haute maison des oiseaux bocagers !
Plus le cerf solitaire et les chevreuils légers
Ne paîtront sous ton ombre, et ta verte crinière
Plus du soleil d'été ne rompra la lumière.
Plus l'amoureux pasteur[2] sur un tronc adossé,
Enflant son flageolet[3] à quatre trous percé,
Son mâtin[4] à ses pieds, à son flanc la houlette,
Ne dira plus l'ardeur de sa belle Janette.
Tout deviendra muet, Écho sera sans voix ;
Tu deviendras campagne, et, en lieu de tes bois,
Dont l'ombrage incertain lentement se remue,

1. Coule abondamment.
2. Berger.
3. Flûte.
4. Chien.

Tu sentiras le soc, le coutre[1] et la charrue ;
Tu perdras ton silence, et haletants d'effroi
Ni Satyres ni Pans ne viendront plus chez toi.
Adieu, vieille forêt, le jouet de Zéphire,
Où premier j'accordai les langues de ma lyre,
Où premier j'entendis les flèches résonner
D'Apollon, qui me vint tout le cœur étonner[2],
Où premier, admirant ma belle Calliope,
Je devins amoureux de sa neuvaine trope[3],
Quand sa main sur le front cent roses me jeta.
Et de son propre lait Euterpe m'allaita.
Adieu, vieille forêt, adieu têtes sacrées,
De tableaux et de fleurs autrefois honorées.
Maintenant le dédain des passants altérés,
Qui, brûlés en l'été des rayons éthérés,
Sans plus trouver le frais de tes douces verdures,
Accusent tes meurtriers et leur disent injures.
Adieu, chênes, couronne aux vaillants citoyens.
Arbres de Jupiter, germes Dodonéens[4],
Qui premiers aux humains donnâtes à repaître ;
Peuples vraiment ingrats, qui n'ont su reconnaître
Les biens reçus de vous, peuples vraiment grossiers
De massacrer ainsi leurs pères nourriciers !

1. Fer tranchant fixé au soc de la charrue pour fendre la terre et tracer des sillons.
2. Frapper, comme d'un coup de tonnerre.
3. Troupe ; il s'agit des neuf muses (Calliope, Euterpe...), compagnes d'Apollon.
4. Le chêne de Dodone était lié à Apollon, et rendait des oracles.

Que l'homme est malheureux qui au monde se fie !
Ô dieux, que véritable est la philosophie,
Qui dit que toute chose à la fin périra,
Et qu'en changeant de forme une autre vêtira !
De Tempé[1] la vallée un jour sera montagne,
Et la cime d'Athos[2] une large campagne ;
Neptune[3] quelquefois de blé sera couvert :
La matière demeure et la forme se perd.

Pierre de Ronsard, *Les Élégies,* 1584

1. Vallée grecque consacrée à Apollon.
2. Montagne grecque.
3. Neptune représente la mer.

L'arbre qui tombe

« Oh, me dit Aimé, le visage rose, les mains roses, le corps bleu, d'un bleu glacé presque vert à cause du soleil qui se couche, voilà des années qu'il ne donnait plus rien, et ça n'a jamais été des bonnes poires. Trop vite mûres, tout de suite molles. C'est le moment de l'arracher. Et ces branches basses, quand je passais dessous avec la faucheuse, elles s'accrochaient au collier des chevaux et puis pan ! en pleine figure ! – Mais ça sera vite fait. »
Comme c'est vite fait ! Une tranchée autour du tronc, quelques pelletées de terre, et voilà les racines. L'une est noire et gluante, l'autre jaune et grise comme les bêtes des étangs qui retournent entre deux eaux, le temps d'un éclair, leur petit ventre de feu. Et il y en a une, couleur de peau, un peu écorchée déjà, tellement humaine qu'on s'attend à la voir se contracter sous le tranchant du pic.
Quelque chose craque, le tronc penche, l'arbre se couche dans un frémissement. On lève soudain les yeux avec une sorte de malaise : là-haut un grand espace de ciel mis à nu, *désaccordé*, pareil aux taches trop pâles apparues aux murs sous les tableaux qu'on décroche.

Gustave Roud, *Campagne perdue*, 1978
(édition posthume)
Avec l'aimable autorisation de La Bibliothèque des Arts.

Souple mantique
et simples tics de glotte

[...]
rhinocéros aux ires niaises et féroces.
[...]
lions que nous lions dans les zoos et accueillons dans le zoodiaque.
[...]

Michel Leiris, *Langage Tangage,* 1985

Le Rêve du Jaguar

Sous les noirs acajous, les lianes en fleur,
Dans l'air lourd, immobile et saturé de mouches,
Pendent, et, s'enroulant en bas parmi les souches,
Bercent le perroquet splendide et querelleur,
L'araignée au dos jaune et les singes farouches.
C'est là que le tueur de bœufs et de chevaux,
Le long des vieux troncs morts à l'écorce moussue,
Sinistre et fatigué, revient à pas égaux.
Il va, frottant ses reins musculeux qu'il bossue ;
Et, du mufle béant par la soif alourdi,
Un souffle rauque et bref, d'une brusque secousse,
Trouble les grands lézards, chauds des feux de midi,
Dont la fuite étincelle à travers l'herbe rousse.
En un creux du bois sombre interdit au soleil
Il s'affaisse, allongé sur quelque roche plate ;
D'un large coup de langue il se lustre la patte ;
Il cligne ses yeux d'or hébétés de sommeil ;
Et, dans l'illusion de ses forces inertes,
Faisant mouvoir sa queue et frissonner ses flancs,
Il rêve qu'au milieu des plantations vertes,
Il enfonce d'un bond ses ongles ruisselants
Dans la chair des taureaux effarés et beuglants.

Charles Leconte de Lisle, *Poèmes barbares*, 1862

La Mort du Loup

I

Les nuages couraient sur la lune enflammée
Comme sur l'incendie on voit fuir la fumée,
Et les bois étaient noirs jusques à l'horizon.
— Nous marchions, sans parler, dans l'humide gazon,
Dans la bruyère épaisse et dans les hautes brandes[1],
Lorsque, sous des sapins pareils à ceux des landes,
Nous avons aperçu les grands ongles marqués
Par les Loups voyageurs que nous avions traqués.
Nous avons écouté, retenant notre haleine
Et le pas suspendu. – Ni le bois, ni la plaine
Ne poussaient un soupir dans les airs ; seulement
La girouette en deuil criait au firmament.
Car le vent, élevé bien au dessus des terres,
N'effleurait de ses pieds que les tours solitaires,
Et les chênes d'en bas, contre les rocs penchés,
Sur leurs coudes semblaient endormis et couchés.
— Rien ne bruissait donc, lorsque, baissant la tête,
Le plus vieux des chasseurs qui s'étaient mis en quête
A regardé le sable, attendant, à genoux,
Qu'une étoile jetât quelque lueur sur nous ;
Puis, tout bas, a juré que ces marques récentes

1. Plantes de sous-bois (bruyères, ajoncs, genêts, fougères).

Annonçaient la démarche et les griffes puissantes
De deux grands Loups-cerviers[1] et de deux Louveteaux.
— Nous avons tous alors préparé nos couteaux,
Et, cachant nos fusils et leurs lueurs trop blanches,
Nous allions, pas à pas, en écartant les branches.
Trois s'arrêtent, et moi, cherchant ce qu'ils voyaient,
J'aperçois tout à coup deux yeux qui flamboyaient,
Et je vois au delà quelques formes légères
Qui dansaient sous la lune au milieu des bruyères,
Comme font, chaque jour, à grand bruit, sous nos yeux,
Quand le maître revient, les lévriers joyeux.
L'allure était semblable et semblable la danse ;
Mais les enfants du Loup se jouaient en silence,
Sachant bien qu'à deux pas, ne dormant qu'à demi,
Se couche dans ses murs l'homme, leur ennemi.
Le Père était debout, et plus loin, contre un arbre,
Sa Louve reposait comme celle de marbre
Qu'adoraient les Romains, et dont les flancs velus
Couvaient les demi-dieux Rémus et Romulus[2].
— Le Loup vient et s'assied, les deux jambes dressées
Par leurs ongles crochus dans le sable enfoncées.
Il s'est jugé perdu, puisqu'il était surpris,
Sa retraite coupée et tous ses chemins pris.
Alors il a saisi, dans sa gueule brûlante,
Du chien le plus hardi la gorge pantelante[3],

1. Lynx.
2. Fondateurs légendaires de Rome, élevés par une louve.
3. Qui a du mal à respirer.

Et n'a pas desserré ses mâchoires de fer,
Malgré nos coups de feu qui traversaient sa chair
Et nos couteaux aigus qui, comme des tenailles,
Se croisaient en plongeant dans ses larges entrailles,
Jusqu'au dernier moment où le chien étranglé,
Mort longtemps avant lui, sous ses pieds a roulé.
Le Loup le quitte alors et puis il nous regarde.
Les couteaux lui restaient au flanc jusqu'à la garde,
Le clouaient au gazon tout baigné dans son sang ;
Nos fusils l'entouraient en sinistre croissant.
— Il nous regarde encore, ensuite il se recouche,
Tout en léchant le sang répandu sur sa bouche,
Et, sans daigner savoir comment il a péri,
Refermant ses grands yeux, meurt sans jeter un cri.

II

J'ai reposé mon front sur mon fusil sans poudre,
Me prenant à penser, et n'ai pu me résoudre
À poursuivre sa Louve et ses fils qui, tous trois,
Avaient voulu l'attendre, et, comme je le crois,
Sans ses deux Louveteaux la belle et sombre veuve
Ne l'eût pas laissé seul subir la grande épreuve,
Mais son devoir était de les sauver, afin
De pouvoir leur apprendre à bien souffrir la faim,
À ne jamais entrer dans le pacte des villes
Que l'homme a fait avec les animaux serviles[1]

1. Qui servent, esclaves ; les animaux domestiques, ici, les chiens.

Qui chassent devant lui, pour avoir le coucher,
Les premiers possesseurs du bois et du rocher.

III

Hélas ! ai-je pensé, malgré ce grand nom d'Hommes,
Que j'ai honte de nous, débiles[1] que nous sommes !
Comment on doit quitter la vie et tous ses maux,
C'est vous qui le savez, sublimes animaux !
À voir ce que l'on fut sur terre et ce qu'on laisse
Seul le silence est grand ; tout le reste est faiblesse.
— Ah ! je t'ai bien compris, sauvage voyageur,
Et ton dernier regard m'est allé jusqu'au cœur !
Il disait : « Si tu peux, fais que ton âme arrive,
À force de rester studieuse et pensive,
Jusqu'à ce haut degré de Stoïque[2] fierté
Où, naissant dans les bois, j'ai tout d'abord monté.
Gémir, pleurer, prier est également lâche.
— Fais énergiquement ta longue et lourde tâche
Dans la voie où le Sort a voulu t'appeler,
Puis après, comme moi, Souffre et meurs sans parler. »

Alfred de Vigny, 1838, *Les Destinées*, 1864
(édition posthume)

1. Faibles, physiquement d'abord, puis par manque de volonté et de caractère.
2. Courageux, comme les philosophes stoïciens qui supportent les malheurs sans se plaindre.

L'Éducation

Laridon et César, frères dont l'origine
Venait de chiens fameux, beaux, bien faits, et hardis,
À deux maîtres divers échus au temps jadis,
Hantaient, l'un les forêts, et l'autre la cuisine.
Ils avaient eu d'abord chacun un autre nom ;
Mais la diverse nourriture[1]
Fortifiant en l'un cette heureuse nature,
En l'autre l'altérant, un certain marmiton
Nomma celui-ci Laridon.
Son frère, ayant couru mainte haute aventure,
Mis maint cerf aux abois, maint sanglier abattu,
Fut le premier César que la gent chienne ait eu.
On eut soin d'empêcher qu'une indigne maîtresse
Ne fît en ses enfants dégénérer son sang.
Laridon négligé témoignait sa tendresse
À l'objet le premier passant.
Il peupla tout de son engeance[2] :
Tournebroches par lui rendus communs en France
Y font un corps à part, gens fuyant les hasards,
Peuple antipode des Césars.

1. Éducation.
2. Descendance.

On ne suit pas toujours ses aïeux ni son père :
Le peu de soin, le temps, tout fait qu'on dégénère :
Faute de cultiver la nature et ses dons,
Oh ! combien de Césars deviendront Laridons !

Jean de La Fontaine, *Fables*, Livre VIII, 1678

Le hibou

Mon pauvre cœur est un hibou
Qu'on cloue, qu'on décloue, qu'on recloue.
De sang, d'ardeur, il est à bout.
Tous ceux qui m'aiment, je les loue.

Guillaume Apollinaire, *Le Bestiaire ou Cortège d'Orphée*, 1911

Poisson

Les poissons, les nageurs, les bateaux
Transforment l'eau.
L'eau est douce et ne bouge
Que pour ce qui la touche.

Le poisson avance
Comme un doigt dans un gant,
Le nageur danse lentement
Et la voile respire.

Mais l'eau douce bouge
Pour ce qui la touche,
Pour le poisson, pour le nageur, pour le bateau
Qu'elle porte
Et qu'elle emporte.

Paul Eluard, *Les animaux et leurs hommes, les hommes et leurs animaux*, 1920

Impertinences

La poésie comme jeu sur la forme, révélation de la forme. Et donc les mots comme matière. Matière à sens et à son. Combinaison des deux.
Autrement dit : révélations, bonheur du hasard et des coïncidences, plaisir du sens et du non-sens.

Insectomania

Je te blatte
Je te cétoine
Je te cicindèle
Je te grillonne
Je te piéride
Je te scorpionne
Je te bombyxe la ronce et le mûrier
Je te frelonne et refrelonne
Je te coccinelle
Je t'éphémère

Tu m'ensphinxes
Tu me lucanes
Tu me phasmes
Tu me ver-luisannes
Tu me libellules
Tu me belle-dames
Tu me fiancies
Tu me guêpes
Tu me mantes très religieusement
Tu me bousies
Tu m'enveuves noire

Je cafarde
Je tarentule
Je me mouche.

Joëlle Brière, *Pinpanicaille,* 1999
Avec l'aimable autorisation des éditions
de la Renarde Rouge.

Être ange...

Être ange
c'est étrange
dit l'ange
Être âne
c'est étrâne
dit l'âne
Cela ne veut rien dire
dit l'ange en haussant les ailes
Pourtant
si étrange veut dire quelque chose
étrâne est plus étrange qu'étrange
dit l'âne
Étrange est
dit l'ange en tapant des pieds
Étranger vous-même
Dit l'âne
Et il s'envole.

Jacques Prévert, *Fatras,* 1966

Un jour

Un jour
Il y aura autre chose que le jour
Une chose plus franche, que l'on appellera le Jodel
Une encore, translucide comme l'arcanson
Que l'on s'enchâssera dans l'œil d'un geste élégant
Il y aura l'auraille, plus cruel
Le volutin, plus dégagé
Le comble, moins sempiternel
Le baouf, toujours enneigé
Il y aura le chalamondre
L'ivrunini, le baroïque
Et tout un planté d'analogues
Les heures seront différentes
Pas pareilles, sans résultat
Inutile de fixer maintenant
Le détail précis de tout ça
Une certitude subsiste : un jour
Il y aura autre chose que le jour.

Boris Vian, *Je voudrais pas crever*

Le langage dément...

Le langage dément dément le langage savant
Le langage savant ça vend des idées

Brocanteurs d'idées
receleurs d'idées
Quand l'art est de rigueur
l'art est nié.

Jacques Prévert, *Choses et autres*, 1972

Les préfixes

(accent méridional)

À mesure que je vois
j'oublie j'oublie
j'oublie tout ce que je vois.

À mesure que je pense
je dépense je dépense !

À mesure que je vis
je dévie je dévie !

Mais à mesure que je meurs
je demeure je demeure.

Jean Tardieu, *Monsieur Monsieur,* 1951

Récit d'un voyage en automobile de Paris à Cerbère

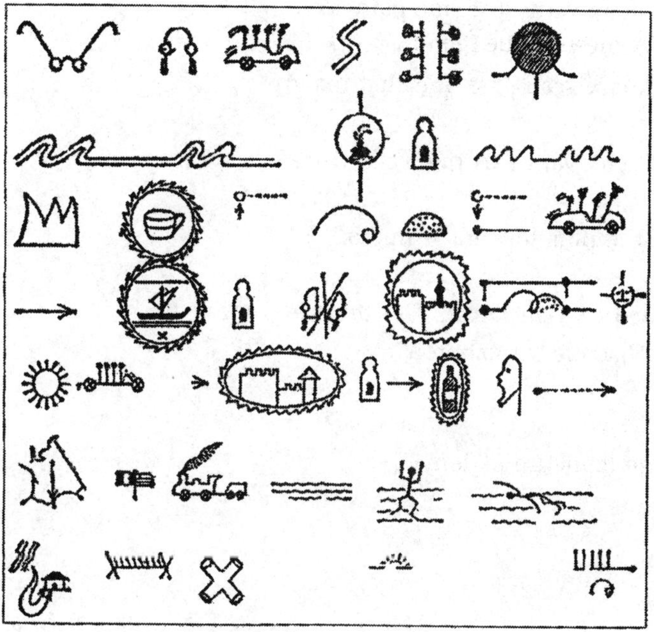

Raymond Queneau, *Bâtons, Chiffres et Lettres*, 1950

Mieux vaut tôt

Mieux vaut lard que fumée
mieux vaut tarte que pain sec
mieux vaut fard que peau rêche
mieux veau gras que chat maigre

Mieux vaut l'art que l'eau tiède

Et le plus tôt sera le mieux.

Jacques Gaucheron, *La Caracole*, 1990

L'enfant vraiment désordonné

Cet enfant perd tout ce qu'il touche.
Être désordonné, c'est laid :
Il prend sa clef et perd sa clef.
Il prend la mouche et perd la mouche.
Cet enfant-là perd vraiment tout.
Et quand il prend ses jambes à son cou,
il perd ses jambes, il perd son cou :
il perd tout !

Claude Roy, *Nouvelles enfantasques*, 1978

C'était un bon copain

Il avait le cœur sur la main
Et la cervelle dans la lune
C'était un bon copain
Il avait l'estomac dans les talons
Et les yeux dans nos yeux
C'était un triste copain
Il avait la tête à l'envers
Et le feu là où vous pensez
Mais non quoi il avait le feu au derrière
C'était un drôle de copain
Quand il prenait ses jambes à son cou
Il mettait son nez partout
C'était un charmant copain
Il avait une dent contre Étienne
À la tienne Étienne à la tienne mon vieux
C'était un amour de copain
Il n'avait pas sa langue dans la poche
Ni la main dans la poche du voisin
Il ne pleurait jamais dans mon gilet
C'était un copain
C'était un bon copain.

Robert Desnos, « Langage cuit », *Corps et biens*, 1930

Cortège

Un vieillard en or avec une montre en deuil
Une reine de peine avec un homme d'Angleterre
Et des travailleurs de la paix avec des gardiens de la
[mer
Un hussard de la farce avec un dindon de la mort
Un serpent à café avec un moulin à lunettes
Un chasseur de corde avec un danseur de têtes
Un maréchal d'écume avec une pipe en retraite
Un chiard en habit noir avec un gentleman au maillot
Un compositeur de potence avec un gibier de musique
Un ramasseur de conscience avec un directeur de
[mégots
Un repasseur de Coligny avec un amiral de ciseaux
Une petite sœur du Bengale avec un tigre de
[Saint-Vincent-de-Paul
Un professeur de porcelaine avec un raccommodeur de
[philosophie
Un contrôleur de la Table Ronde avec des chevaliers de
la Compagnie du Gaz de Paris
Un canard à Sainte-Hélène avec un Napoléon à l'orange
Un conservateur de Samothrace avec une Victoire
[de cimetière
Un remorqueur de famille nombreuse avec un père de
[haute mer

Un membre de la prostate avec une hypertrophie
[de l'Académie française
Un gros cheval in partibus avec un grand évêque
[de cirque
Un contrôleur à la croix de bois avec un petit
[chanteur d'autobus
Un chirurgien terrible avec un enfant dentiste
Et le général des huîtres avec un ouvreur de Jésuites.

Jacques Prévert, *Paroles*, 1945

Fatrasies

[...]
Un grand hareng saur
Avait assiégé Gisors
D'un côté et de l'autre,
Et deux hommes morts
Vinrent a effors[1],
Portant une porte ;
Sans une vieille torte[2]
Qui alla criant « Dehors ! »,
Le cri d'une caille morte
Les eût pris a effors
Sous un chapeau de feutre.
[...]

Philippe de Beaumanoir, *Anthologie de la poésie lyrique française des XIIe et XIIIe siècles,* dans la traduction de Jean Dufarnet.

1. Rapidement, avec élan.
2. Tordue.

Le géant blanc lépreux du paysage

le sel se groupe en constellation d'oiseaux sur la
[tumeur de ouate
dans ses poumons les astéries et les punaises se
balancent les microbes se cristallisent en palmiers
[de muscles balançoires
bonjour sans cigarette tzantzantza ganga
bouzdouc zdouc nfoùnfa mbaah mbaah nfoùnfa
macrocystis perifera embrasser les bateaux chirurgien
[des bateaux cicatrice humide propre
paresse des lumières éclatantes
les bateaux nfoùnfa nfoùnfa nfoùnfa
je lui enfonce les cierges dans les oreilles gangànfah
hélicon et boxeur sur le balcon le violon de l'hôtel en
baobabs de flammes
les flammes se développent en formation d'éponges

les flammes sont des éponges ngànga et frappez
les échelles montent comme le sang gangà
les fougères vers les steppes de laine mon hasard vers
[les cascades
les flammes éponges de verre les paillasses blessures
[paillasses
les paillasses tombent wancanca aha bzdouc les papillons
les ciseaux les ciseaux les ciseaux et les ombres

les ciseaux et les nuages les ciseaux les navires
le thermomètre regarde l'ultra-rouge gmbabàba
berthe mon éducation ma queue est froide et
[monochromatique nfoua loua la
les champignons oranges et la famille des sons au delà
[du tribord
à l'origine à l'origine le triangle et l'arbre des
[voyageurs à l'origine

mes cerveaux s'en vont vers l'hyperbole
le caolin fourmille dans sa boîte crânienne
dalibouli obok et tòmbo et tòmbo son ventre est une
[grosse caisse
ici intervient le tambour major et la cliquette
car il y a des zigzags sur son âme et beaucoup de
[rrrrrrrrrrrr ici le lecteur commence à crier
il commence à crier commence à crier puis dans ce cri
il y a des flûtes qui se multiplient – des corails
le lecteur veut mourir peut-être ou danser et
[commence à crier
il est mince idiot sale il ne comprend pas mes vers il
[crie
il est borgne
il y a des zigzags sur son âme et beaucoup de rrrrrr
nbaze baze baze regardez la tiare sousmarine qui se
[dénoue en algues d'or
hozondrac trac

Impertinences *ho!*

nfoùnda nbabàba nfoùnda tata
nbabàba

Tristan Tzara, *Vingt-cinq poèmes*, 1918

Un corbeau devant moi croasse

Un corbeau devant moi croasse,
Une ombre offusque mes regards,
Deux belettes et deux renards
Traversent l'endroit où je passe,
Les pieds faillent à mon cheval,
Mon laquais tombe du haut mal[1],
J'entends craqueter le tonnerre,
Un esprit se présente à moi,
J'ois Charon[2] qui m'appelle à soi,
Je vois le centre de la terre.

Ce ruisseau remonte en sa source,
Un bœuf gravit sur un clocher,
Le sang coule de ce rocher,
Un aspic[3] s'accouple d'une ourse,
Sur le haut d'une vieille tour
Un serpent déchire un vautour,
Le feu brûle dedans la glace,
Le Soleil est devenu noir,

1. Épilepsie.
2. J'entends Charon, celui qui, sur sa barque, fait traverser le fleuve des enfers aux morts.
3. Serpent.

Je vois la Lune qui va choir,
Cet arbre est sorti de sa place.

Théophile de Viau, *Œuvres*, 1621
(Orthographe et ponctuation modernisées.)

Menus

I
Foie de tortue verte truffé
Langouste à la mexicaine
Faisan de la Floride
Iguane sauce caraïbe
Gombos et choux palmistes

II
Saumon du Rio Rouge
Jambon d'ours canadien
Roast-beef des prairies du Minnesota
Anguilles fumées
Tomates de San Francisco
Pale-ale et vins de Californie

III
Saumon de Winnipeg
Jambon de mouton à l'Écossaise
Pommes Royal-Canada
Vieux vins de France

IV
Kankal-Oysters
Salade de homard cœurs de céleris

Escargots de France vanillés au sucre
Poulet de Kentucky
Desserts café whisky canadian-club

V
Ailerons de requin confits dans la saumure
Jeunes chiens mort-nés préparés au miel
Vin de riz aux violettes
Crème au cocon de ver à soie
Vers de terre salés et alcool de Kawa
Confiture d'algues marines

VI
Conserves de bœuf de Chicago et salaisons allemandes
Langouste
Ananas goyaves nèfles du Japon noix de coco
[mangues pommes-crème
Fruits de l'arbre à pain cuits au four

VII
Soupe à la tortue
Huîtres frites
Patte d'ours truffée
Langouste à la Javanaise

VIII
Ragoût de crabes de rivière au piment
Cochon de lait entouré de bananes frites

Hérisson au ravensara
Fruits

En voyage 1887-1923
Blaise Cendrars, *Poésies complètes*

Ballade des menus propos

Je connais bien mouches en lait,
Je connais à la robe l'homme[1],
Je connais le beau temps du laid,
Je connais au pommier la pomme,
Je connais l'arbre à voir la gomme,
Je connais quand tout est de même,
Je connais qui besogne ou chomme,
Je connais tout, fors que[2] moi-même.

Je connais pourpoint au collet,
Je connais le moine à la gonne[3],
Je connais le maître au valet,
Je connais au voile la nonne,
Je connais quand pipeur jargonne,
Je connais fols nourris de crèmes,
Je connais le vin à la tonne[4],
Je connais tout, fors que moi-même.

1. Je connais l'homme par son habit ; cf. le proverbe « C'est à l'œuvre (l'ouvrage, ce qu'il fait) qu'on reconnaît l'artisan ».
2. Sauf.
3. Habit du moine.
4. Tonneau.

Je connais cheval et mulet,
Je connais leur charge et leur somme,
Je connais Bietris et Belet[1],
Je connais jet[2] qui nombre et somme,
Je connais vision et somme,
Je connais la faute des Boesmes[3],
Je connais le pouvoir de Rome,
Je connais tout, fors que moi-même.

Prince, je connais tout en somme,
Je connais colorés et blêmes,
Je connais mort qui tout consomme,
Je connais tout, fors que moi-même.

François Villon, *Poésies diverses,* vers 1470
(Orthographe et ponctuation modernisées.)

1. Béatrice et Isabelle.
2. Jeton.
3. Bohêmes ; prononcer « bome ».

Apothéose du Point

« Foin, de tout ce qui n'est point le Point ! »
Dit le Point, devant témoins.
« Sans *Moi*, tout n'est que baragouin !

Quant à la Virgule !
Animalcule, qui gesticule
Sans nul besoin,
Je lui réponds à brûle-pourpoint :
Qui stimule une Majuscule ?
Fait descendre les crépuscules ?
Qui jugule ? Qui férule ?
Fait que la phrase capitule ?
Qui ?

Si ce n'est :
Le Point !

Bref, toujours devant témoins :
Je postule et stipule
Qu'un Point c'est TOUT ! »
Dit le Point.

Andrée Chédid, *Grammaire en fête*, 1984

Pavane de la virgule

« Quant à *Moi !* », dit la Virgule,
J'articule et je module ;
Minuscule, mais je régule
Les mots qui s'emportaient !

J'ai la forme d'une Péninsule,
À mon signe, la phrase bascule.
Avec grâce, je granule
Le moindre petit opuscule.

Quant au Point !
Cette tête de mule
Qui se prétend mon cousin !

Voyez comme il se coagule,
On dirait une pustule,
Au mieux : un grain de sarrasin :

Andrée Chédid, *Grammaire en fête,* 1984

Devinettes

Tout paraît renversé chez moi :
Le laquais précède le maître ;
Le manant passe avant le roi,
Le simple clerc avant le prêtre,
Le printemps avant l'été
Noël avant la Trinité
C'en est assez pour me connaître.
(le dictionnaire)
Anonyme

Cinq voyelles, une consonne,
En français composent mon nom
Et je porte sur ma personne
De quoi l'écrire sans crayon.
La réponse est, bien sûr,
(l'oiseau)
Voltaire

Deux jumelles
Qui écoutent
Qui écoutent
Et ne disent
Jamais rien.
(les oreilles)

Je vais à l'école
Sans bouger de place.
Je vais chez tante Nicole
Sans bouger de place.
Je vais à la rivière
Sans bouger de place.
Je vais chez la grand-mère
Sans bouger de place.
Et je vais vraiment partout
Et sans rendez-vous.
(la route)

François Fampou, *La Langue au chat*, 2001

Maigrir

I

Y en a qui maigricent sulla terre
Du vente du coq-six ou des jnous
Y en a qui maigricent le caractère
Y en a qui maigricent pas du tout
Oui mais
Moi jmégris du bout des douas
Oui du bout des douas Oui du bout des douas
Moi jmégris du bout des douas
Seskilya dplus distinglé

II

Lautt jour Boulvar de la Villette
Vlà jrencontre le bœuf à la mode
Jlui dis Tu mas l'air un peu blett
Viens que jte paye une belle culotte
Seulement jai pas pu passque
Moi jmégris du bout des douas
Oui du bout des douas Oui du bout des douas
Moi jmégris du bout des douas
Seskilya dplus distinglé

III

Dpuis ctemps-là jfais pus dgymnastique
Et jmastiens des sports dhiver
Et comme avec fureur jmastique
Je pense que si je persévère
Eh bien
Jmégrirai du bout des douas
Oui du bout des douas Oui du bout des douas
Jmégrirai même de partout
Même de lesstrémité du cou

Raymond Queneau, « Marine 1920-1930 »,
L'instant fatal, 1948

Sonnet sur des mots qui n'ont point de rime

Phylis, je ne suis plus des rimeurs de ce siècle
Qui font pour un sonnet dix jours de cul de plomb
Et qui sont obligés d'en venir aux noms propres
Quand il leur faut rimer ou sur coiffe ou sur poil.

Je n'affecte jamais rime riche ni pauvre
De peur d'être contraint de suer comme un porc,
Et hais plus que la mort ceux dont l'âme est si faible
Que d'exercer un art qui fait qu'on meurt de froid.

Si je fais jamais vers, qu'on m'arrache les ongles,
Qu'on me traîne au gibet, que j'épouse une vieille,
Qu'au plus fort de l'été je languisse de soif,

Que tous les mardi-gras me soient autant de jeûnes,
Que je ne goûte vin non plus que fait le Turc,
Et qu'au fond de la mer on fasse mon sépulcre.

Attribué à Marc-Antoine Girard de Saint-Amant, 1632
(Orthographe et ponctuation modernisées.)

L'amiral

L'amiral Larima
Larima quoi
la rime à rien
l'amiral Larima
l'amiral Rien.

Jacques Prévert, *Paroles*, 1945

Le Souci

Et pour qui sont ces six soucis ?
Ces six soucis sont pour mémoire.
Ne froncez donc pas les sourcils,
Ne faites donc pas une histoire,
Mais souriez, car vous aussi,
Vous aurez, des soucis.

Robert Desnos, *Chantefables et Chantefleurs*

Le retour à la mer

Usinées
tamisées
usées
rapiécées
égouttées
dégoûtées
les eaux se jettent à l'eau.

Jacques Prévert, *Choses et autres*, 1972

Participes

Enfui
transmis
jeté
perdu.

Noyé
sauvé
surgi
promis.

Flétri
caché
nié
repris.

Tombé
frappé
brisé
brûlé.

Décomposé.

Jean Tardieu, « Poèmes pour la main droite »,
Formeries, 1976

Grammaire

Peut-être et toujours peut-être
adverbes que vous m'ennuyez
avec vos presque et presque pas
quand fleurissent les apostrophes

Est-ce vous points et virgules
qui grouillez dans les viviers
où nagent les subjonctifs
je vous empaquette vous ficelle

Soyez maudits paragraphes
pour que les prophéties s'accomplissent
bâtards honteux des grammairiens
et mauvais joueurs de syntaxe

Sucez vos impératifs
et laissez-nous dormir
une bonne fois
c'est la nuit
et la canicule.

Philippe Soupault, *Chansons*, 1949

Épithètes

Une source – corrompue
Un secret – divulgué
Une absence – pesante
Une éternité – passagère
Des ténèbres – fidèles
Des tonnerres – captifs
Des flammes – immobiles
La neige – en cendre
La bouche fermée
Les dents serrées
La parole niée
muette
bourdonnante
glorieuse
engloutie.

Jean Tardieu, « Poèmes pour la main droite »,
Formeries, 1976

Quelques mots sens dessus dessous

Négation
Pleuvoir n'est pas mentir
Sauver n'est pas dissoudre
Gravir n'est pas renaître

L'ombre n'est pas le cheval
Le regard n'est pas le torrent
Le portail n'est pas la surprise
Le couperet n'est pas la chambre

Affirmation
L'ombre c'est pleuvoir
Mentir c'est le regard
La surprise c'est la chambre
Le portail c'est le couperet
Gravir c'est sauver c'est renaître

Je ferai pleuvoir l'ombre
et le regard mentir
quand nos pas dans la chambre
seront le couperet.

Jean Tardieu, « Poèmes pour la main droite »,
Formeries, 1976

Solipsisme[1]

(Accent parigot. Véhémence et certitude agressive. Avec gestes.)

Qui c'est qu'est là
quand j'y suis pas ?

C'est-i l'bureau ?
C'est-i la porte ?
C'est-i l'parquet ?
C'est-i l'plafond ?
C'est-i la rue ?
C'est-i la terre ?
C'est-i le ciel ?
Ah, nom de nom !

Quand j'y suis pus
Y-a pus personne.
A preuve ? C'est que quand j'reviens
je ramèn' tout à la maison :
et v'là la terre
et v'là le ciel
et v'là la rue

1. Pour les philosophes, c'est l'idée que, pour celui qui pense, il n'y a que lui qui soit réel.

et ma maison
et v'là la porte
et v'là l'parquet
et v'là l'plafond !

Jean Tardieu, *Monsieur Monsieur*, 1951

Supposons une supposition

Suppose et supposons une supposition :
que le mot *ver luisant* se prononce *escarcelle,*
que le mot *chocolat* se prononce *violon,*
que le mot *tirelire* se prononce *hirondelle.*

Les dictées tout à coup ont un air bien bizarre.
On regarde voler les tirelire en l'air,
on regarde briller l'escarcelle très tard,
on mange à son goûter du pain et du violon.

Tu me dis *baluchon* : ça veut dire *grosse bête.*
Fourbi ? C'est un poisson. *Lézard* ? Saule pleureur.
Les mots ne savent plus où donner de la tête :
friture de fourbis, ou lézard rose en fleurs ?

Est-ce escarcelle ou escargot ? Est-ce cargo
ou tire-l'air, ou tire-l'eau, ou tire-d'aile ?
Est-ce chacal ou chocolat ? Est-ce hirondelle ?
[Est-ce rondeau ?
Est-ce vole-au-vent ? Est-ce violoncelle ?

Si on commence à faire trop de suppositions
tout s'en va de travers et rien ne va plus droit :

personne ne demande aux mots la permission
et je signe *Hérisson* – qui veut dire : *Claude Roy.*

Claude Roy, *Nouvelles enfantasques,* 1978

Présentations biographiques des auteurs

Apollinaire (Guillaume, 1880-1918). Personnage emblématique de l'avant-garde artistique parisienne d'avant 1914, il s'intéresse tout particulièrement à l'art de Picasso et de Braque. Son grand recueil, *Alcools*, paru en 1913, témoigne bien de son souci de créer, à son tour, une poésie novatrice, et en même temps bien ancrée dans une tradition qui remonte à Villon. Blessé pendant la guerre, il meurt de la grippe espagnole en 1918.

Aubigné (Théodore Agrippa d', 1552-1630). Poète engagé, du côté protestant, dans les guerres de religion, proche de Henri de Navarre, il ne pardonnera pas au futur roi Henri IV son abjuration – Henri était devenu catholique pour accéder au trône de France. Son très long poème *Les Tragiques,* qui paraît en 1616, est à la fois une épopée témoignant de l'horreur des guerres civiles et une satire violente des hommes politiques de son temps.

Aragon (Louis, 1897-1982). Poète et romancier (*Le Paysan de Paris,* 1926), engagé en littérature aux côtés d'André Breton et de Philippe Soupault, il participe dès le début à l'aventure surréaliste. En 1927, il devient membre du parti communiste ; il y restera jusqu'à sa mort. La guerre, la résistance et son amour pour sa compagne, Elsa Triolet, marquent son œuvre poétique (*La Diane Française,* 1945 ; *Le Fou d'Elsa,* 1963).

Baudelaire (Charles, 1821-1867). Homme à la vie dissolue et difficile, il dilapide l'héritage de son père au point d'être mis en tutelle par un conseil de famille. Grand amateur d'art, traducteur d'Edgar Poe, il produit une œuvre mince mais très importante : *Les Fleurs du mal,* parues en 1857 et condamnées pour « offense à la morale publique et aux bonnes mœurs », et les poèmes en prose du *Spleen de Paris* qui ne parurent en recueil qu'après sa mort.

Béalu (Marcel, 1908-1993). Autodidacte en littérature, la découverte des romantiques allemands et la rencontre de Max Jacob en 1937 confortent ses débuts en écriture. Il ouvre une librairie en 1948, Le Pont traversé, et dirige, de 1955 à 1957, la revue *Réalités secrètes.*

Beaumanoir (Philippe de, 1246-1296). Auteur de poèmes et de romans, il est surtout connu pour ses *Fatrasies,* poèmes de l'absurde et des choses impossibles, qui se rattachent à toute une tradition de textes satiriques.

Bellay (Joachim du, 1522-1560). Membre important de la Pléiade, ami de Ronsard, il fait partie de la génération des poètes humanistes, savants, connaisseurs de l'antiquité grecque et romaine. Son séjour à Rome avec son oncle, le cardinal Jean du Bellay, l'amène à écrire un des recueils les plus célèbres de la poésie française, *Les Regrets* (1558), où il se moque des façons de vivre à la cour des papes, à Rome, et où il exprime les sentiments que lui inspire son exil loin de son Anjou natal.

Benserade (Isaac de, vers 1612 – 1691). Poète de salon et de cour, célèbre pour ses livrets de ballets et ses poésies de circonstances, il est reçu à l'Académie française en 1674.

Besnier (Michel, 1945-). Poète et romancier, il a publié pour les enfants *Le Verlan des oiseaux et autres jeux de plume, Le Rap des rats, Mes poules parlent* et *Mon Kdi n'est pas un Kdo.*

Boileau (Nicolas, 1636-1711). Auteur de satires et d'épîtres, il représente une conception de la poésie qu'on appellera « classique ». Ami de Racine, Molière et La Fontaine, il fut historiographe du roi Louis XIV et devint membre de l'Académie française en 1684.

Bosquet (Alain, 1919-1998). Né à Odessa en Russie orientale, il finit ses études à la Sorbonne puis enseigne dans des universités françaises et américaines. Parallèlement à son activité de critique littéraire, il publie des traductions, des romans et des recueils de poésie.

Brière (Joëlle, 1940-). Auteur et illustratrice, c'est après une carrière d'institutrice qu'elle crée en 1994 sa propre maison d'édition, les éditions de la Renarde Rouge. Elle y a entre autres publié *Pinpanicaille, Alphabet des délices et des souffrances* et *La vie courte.*

Butor (Michel, 1926-). Professeur de philosophie, le succès de *La Modification* en 1957 fait de lui un des auteurs emblématiques de ce qu'on appellera le « nouveau roman » et lui permet de se consacrer à son œuvre. Il est également l'auteur de nombreuses études de critique littéraire et artistique.

Cadou (René-Guy, 1920-1951). Poète précoce – il écrit ses premiers poèmes à quinze ans –, il entre en correspondance avec Max Jacob et Pierre Reverdy, puis rallie l'école de Rochefort. En 1946, il épouse Hélène à qui il dédie son plus beau recueil, *Hélène ou le règne végétal* (édition posthume en 1952).

Calaferte (Louis, 1928-1994). Autodidacte, il est l'auteur de romans autobiographiques, de recueils de poésie, de pièces de théâtre et de carnets intimes. Il a lui-même illustré son recueil *Fruits.*

Cendrars (Blaise, 1887-1961). Poète et romancier d'origine suisse, il est d'abord, dès l'âge de quinze ans, un grand voyageur et un homme d'action. Engagé dans la Légion étrangère, il perd son bras droit en 1915. Renouvelant les techniques poétiques, *Les Pâques à New-York* (1912) est à rapprocher, pour ses innovations, d'*Alcools* d'Apollinaire. Pour *La Prose du transsibérien et de la Petite Jehanne de France* (1913), il a collaboré avec Sonia Delaunay, peintre d'avant-garde.

Chabot (Cécile, 1907-1990). Artiste canadienne, publiciste, peintre et poète, elle illustre elle-même ses recueils de contes et de poésie. En 1929, elle obtient la médaille d'or de la Société des poètes.

Champagne (Thibaut de, 1201-1253). Arrière-petit-fils d'Aliénor d'Aquitaine, il participe aux Croisades et devient roi de Navarre en 1234. Sa carrière poétique fut très importante elle aussi. Représentant la grande poésie lyrique courtoise en langue d'oïl, on lui attribue une cinquantaine d'œuvres.

Char (René, 1907-1988). Poète engagé, il rejoint la Résistance dès 1940 et y joue un rôle important au sein des Forces françaises combattantes. Sa poésie, d'abord marquée par l'influence du surréalisme, devient l'expression, dès lors qu'elle est écrite dans l'urgence du combat, du refus de la fatalité et de l'exaltation des forces de la vie. Son œuvre emprunte les formes les plus diverses (poésie, théâtre, traduction, essais). Après guerre, il collabore régulièrement avec de grands artistes comme Matisse, Picasso ou Miró.

Charpentreau (Jacques, 1928-). Instituteur puis professeur de français, directeur de la collection « Fleur d'encre » chez Hachette, il est l'auteur de nombreuses anthologies pour la jeunesse. Il a publié une vingtaine de recueils dont *Poésie en jeu* (1981), *Poèmes pour peigner la girafe* (1994) et *Le papillon sur l'épaule Maison* (1997).

Chédid (Andrée, 1920-2011). Née au Caire, elle passe toute sa jeunesse en Égypte, puis au Liban. En 1946, elle s'installe définitivement à Paris et commence à publier des recueils de poèmes. Elle a écrit également de nombreux romans, des nouvelles et des pièces de théâtre et a consacré une partie de son œuvre à la littérature jeunesse (*Fêtes et lubies,* 1973 ; *Cavernes et Soleils,* 1979 ; *L'Enfant multiple,* 1990 ; *Par-delà les mots,* 1995 ; *L'Autre,* 1997 ; *L'Onomatopée,* 2010).

Damas (Léon-Gontran, 1912-1978). Né à Cayenne en Guyane, il fonde en 1935 avec Aimé Césaire et Léopold Sédar Senghor la revue *L'Étudiant africain.* Il fréquente les principaux artistes et écrivains noirs des Amériques (du Nord et du Sud) et des Caraïbes et devient l'un des fondateurs du mouvement de la « négritude ». Son premier recueil de poésie, *Pigments,* paraît en 1937, préfacé par Robert Desnos.

Daniel (Arnaut, vers 1150-vers 1200). Troubadour originaire de Dordogne, il vécut notamment à la cour du roi Richard Cœur de Lion, puis à celle d'Alphonse d'Aragon. Seuls dix-sept de ses poèmes furent conservés. Ils témoignent de sa virtuosité dans l'art de la versification et de la rythmique.

Desnos (Robert, 1900-1945). Lié au groupe surréaliste dans les années 1920 (*La Liberté ou l'Amour,* 1927), il s'en éloigne au moment où le groupe se rapproche du parti communiste. Résistant pendant la Seconde Guerre mondiale (*Fortunes,* 1942), il est arrêté et déporté dans un camp de concentration en Tchécoslovaquie. Il meurt en 1945, le jour même où les Alliées libèrent son camp.

Diop (Birago, 1906-1989). Né près de Dakar au Sénégal, il reçoit une formation coranique et suit simultanément les cours de l'école française. Venu faire en France des études de médecine vétérinaire, il s'associe à la fin des années 1930 au mouvement de la Négritude. Son premier livre, *Contes d'Amadou Koumba* (1947), marque sa prédilection pour la tradition orale des griots, les conteurs populaires africains. Après l'indépendance de son pays, il mène une carrière diplomatique et retourne à son premier métier de vétérinaire à Dakar.

Eluard (Paul, 1895-1952). Animateur prépondérant du mouvement surréaliste (*Les Animaux et leurs hommes, les hommes et leurs animaux*, 1920 ; *Capitale de la douleur*, 1926 ; *L'Amour la poésie*, 1929). Profondément pacifiste, il adhère au parti communiste en 1926, mais en est exclu en 1933 en raison de ses désaccords avec Aragon. Il soutient l'Espagne républicaine, puis s'engage dans la Résistance (*Poésie et Vérité 1942*, 1942 ; *Au rendez-vous allemand*, 1944) et rallie le parti communiste clandestin en 1943. Après la Libération, il effectue de nombreux voyages et continue à publier.

Emmanuel (Pierre, 1916-1984). Enseignant, il vient à la poésie par la lecture de *La Jeune Parque* de Valéry, mais c'est guidé par Pierre-Jean Jouve, rencontré en 1937, qu'il fait ses débuts en écriture. Son importante œuvre poétique est marquée d'inspiration chrétienne.

Fampou (François). Originaire du Cameroun, il écrit pour les plus petits et aime s'accompagner d'instruments de musique africains. *La Langue au chat* (2001) est un recueil de devinettes poétiques inspirées de la tradition orale africaine.

Gaucheron (Jacques, 1920-2009). Résistant pendant la Seconde Guerre mondiale, il devient à la Libération l'ami d'Eluard et d'Aragon. Professeur de philosophie, critique artistique, il a publié également des recueils de poésie.

Guillevic (Eugène, 1907-1997). Breton, il écrit une poésie qui s'attache au réel (*Terraqué*, 1942).

Heredia (José-Maria de, 1842-1905). Né à Cuba, représentant de ce courant de poésie de la fin du XIXe siècle qui recherche la perfection formelle, il travaille très longtemps à son recueil de sonnets, *Les Trophées*. Publié en 1893, il connaît immédiatement un immense succès.

Hugo (Victor, 1802-1885). C'est le grand poète du XIXe siècle. Son œuvre est immense et touche tous les genres : le roman (*Notre-Dame de Paris*, 1831 ; *Les Misérables*, 1862), le théâtre (*Hernani*, 1830 ; *Ruy Blas*, 1838) et bien sûr la poésie. Partisan d'une démocratie libérale et humanitaire, député en 1848, son opposition au coup d'État de Louis Napoléon Bonaparte l'entraîne dans un exil qui dure de 1851 à 1870. De cette période datent ses grands recueils que sont *Les Châtiments* (1853), *Les Contemplations* (1856) et *La Légende des siècles* (1859-1883).

Jaccottet (Philippe, 1925-). Poète né en Suisse, il est également réputé pour être un très grand traducteur (Homère, Leopardi, Rilke...).

Jacob (Max, 1876-1944). Ami de Picasso, il vit une existence de bohème autour de l'avant-garde artistique du Paris des années 1910 (*Saint Matorel,* 1911 ; *Le Cornet à dés,* 1917). À la suite d'une « apparition » du Christ en 1909, il se convertit au catholicisme puis se retire en 1921 dans une abbaye. Il y est arrêté par la Gestapo et conduit à Drancy où il meurt en 1944.

Jammes (Francis, 1868-1938). Profondément attaché au Béarn où il est né et au Pays basque où il s'est fixé, il compose une poésie qui se distingue par sa simplicité, son indifférence à la forme et la métrique, et qui développe les termes de la nature, de l'enfance, de l'exotisme et de la mort.

Jodelle (Étienne, 1532-1573). Membre de la Pléiade, il est l'auteur de la première tragédie française, *Cléopâtre captive* (1553). Sa vie, assez agitée, se terminera dans la misère. Son œuvre, dont les poèmes d'amour qu'il composera pour la maréchale de Retz, ne sera publiée en recueil qu'après sa mort, dans l'édition de 1574.

Labé (Louise, 1524-1566). Surnommée « la belle cordière » parce qu'elle aurait été la fille d'un riche cordier lyonnais, et que son mari était lui aussi cordier, elle est restée le modèle de ce que pouvait être une femme poète à la Renaissance. Des travaux récents mettent cependant en doute son existence et attribuent ses poèmes à Maurice Scève et à son entourage.

La Fontaine (Jean de, 1621-1695). Les *Fables* (1668) sont, d'une certaine manière, le grand recueil du XVIIe siècle. Elles assurent la célébrité à un auteur assez éloigné des faveurs de la cour de Louis XIV, mais qui entra pourtant à l'Académie française en 1684.

Lamartine (Alphonse de, 1790-1869). Premier poète de la génération romantique, il remporte un succès impressionnant en 1820 avec les *Méditations poétiques* et devient membre de l'Académie française en 1829. Député de 1833 à 1851, ministre des Affaires étrangères en 1848, sa carrière politique prit fin en 1851 avec le coup d'État de Louis Napoléon Bonaparte et l'avènement du Second Empire.

Larbaud (Valéry, 1881-1957). Il est, avec Blaise Cendrars ou Paul Morand, un de ces poètes voyageurs du début du XXe siècle, qui annoncent l'avènement d'un monde nouveau lié à la vitesse et aux nouveaux moyens de transports.

Laude (André, 1936-1995). Militant anarchiste, autodidacte, il fréquente les surréalistes, voyage, vivant de petits métiers et de ses piges pour les journaux. Il publie de nombreux recueils de poésie (*Dans ces ruines campe* *l'homme blanc*, 1969 ; *Le bleu de la nuit crie au secours*, 1975), avant de mourir dans la misère.

Lebrun (Ponce-Denis-Écouchard, 1729-1807). Surnommé Lebrun-Pindare, il est l'auteur d'odes de style sublime qui le firent considérer comme le grand poète lyrique de la seconde moitié du XVIIIe siècle, d'où son surnom. Il eut également un goût assez vif pour la satire et l'épigramme.

Leconte de Lisle (Charles, 1818-1894). Chef de file de l'école parnassienne, il préconise une poésie « objective » qui réalise l'union de la science et de l'art. Ses deux recueils importants sont parus à dix ans d'écart, *Poèmes antiques* en 1852, *Poèmes barbares* en 1862.

Leiris (Michel, 1901-1990). Poète proche du mouvement surréaliste, il effectue de nombreux voyages en Afrique comme ethnologue (*L'Afrique fantôme*, 1934). Son autobiographie (*L'Âge d'homme*, 1939) en fait un écrivain important du XXe siècle.

Mallarmé (Stéphane, 1842-1898). Après une enfance triste et une activité monotone de bureaucrate puis de professeur d'anglais en province, il regagne Paris et voue sa vie à la poésie. Consacré par Verlaine, il devient le maître de la génération symboliste.

Marbeuf (Pierre de, 1596-1645). Maître des Eaux et Forêt, il compose une poésie qui se caractérise par une simplicité de la syntaxe et du vocabulaire, et qui chante la Normandie, la forêt, les eaux et l'amour.

Marot (Clément, 1496-1544). Fils d'un poète apprécié de François Ier, il est attaché à la cour de Marguerite d'Alençon, sœur du roi. Une vie tumultueuse l'amène à connaître les prisons du roi. *L'Adolescence clémentine*, recueil de 1532, connaîtra un grand succès.

Michaux (Henri, 1899-1984). Poète d'origine belge, il a exploré de nombreux territoires, des pays lointains d'Asie et d'Amérique du Sud et ses paysages « intérieurs ». Son œuvre est une des plus représentatives de la poésie moderne (*La Nuit remue*, 1934 ; *Plume*, 1938).

Musset (Alfred de, 1810-1857). Membre important du mouvement romantique, il est l'auteur de pièces de théâtre, de recueils de poésie et d'un roman à tonalité autobiographique, *La Confession d'un enfant du siècle*, publié en 1836. Son œuvre témoigne d'un sentiment inquiet et douloureux devant les difficultés de la vie, de l'amour et du travail poétique (*Les Nuits*, 1835-1837).

Nerval (Gérard de, 1808-1855). Auteur de contes et de poèmes (*Les Chimères*, 1854), traducteur d'œuvres allemandes (*Faust* de Goethe), il souffrira d'accès de démence et sera soigné par le fameux docteur Blanche à Paris. Il sera retrouvé pendu à une grille d'escalier.

Orléans (Charles d', 1393-1465). Prince de sang royal, il est capturé par les Anglais après la bataille d'Azincourt en 1415 et retenu prisonnier vingt-cinq ans en Angleterre. Après sa libération, il se retire rapidement de la politique, à Blois, pour se consacrer à la vie de cour.

Perec (Georges, 1936-1982). Important romancier (*Les Choses*, 1965), membre de l'OuLiPo (Ouvroir de littérature potentielle), il multiplie les défis formels tout en remettant en cause le fonctionnement de la société contemporaine. Il va ainsi écrire tout un roman, *La Disparition* (1969), sans jamais utiliser la lettre e.

Péret (Benjamin, 1899-1959). Rallié dès ses débuts au mouvement surréaliste, il participe en 1922 aux premières expériences d'enregistrement du rêve parlé. Il est notamment l'auteur du *Grand jeu* (1928) et de *Cent cinquante-deux proverbes mis au goût du jour* (1952).

Ponge (Francis, 1899-1988). Il proposa une conception singulière de la poésie, ouverte à la prose et liée à la description, dans toutes ses dimensions d'objectivité et de subjectivité (*Le Parti pris des choses*, 1942).

Prévert (Jacques, 1900-1977). Dialoguiste de films qui ont marqué le cinéma (*Les Visiteurs du soir,* 1942 ; *Les Enfants du paradis,* 1945), parolier, il fut un poète très populaire (*Paroles,* 1945).

Queneau (Raymond, 1903-1976). Romancier connu et reconnu (*Zazie dans le métro,* 1959), il fréquente les surréalistes et devient plus tard un membre important de l'OuLiPo. En tant qu'écrivain, il revendique la liberté du langage, tant dans sa poésie que dans ses romans. Très cultivé, il a dirigé la prestigieuse collection « La Pléiade » chez Gallimard.

Ramuz (Charles-Ferdinand, 1878-1947). Après une crise morale, il quitte Paris où il était venu finir ses études de Lettres et rejoint sa Suisse natale, liant désormais son inspiration à son terroir. Son œuvre célèbre la beauté parfois dramatique de la nature.

Rimbaud (Arthur, 1854-1891). Virtuose de la composition de vers latin, il écrit son premier poème en français à l'âge de quinze ans. Bouleversé par la déclaration de guerre de 1870, puis par l'échec de la Commune, il manifeste sa révolte contre la guerre (« Le Dormeur du val », 1870), le pouvoir et le clergé à travers ses vers. Il entretient une liaison très orageuse avec Verlaine, qui se termine de manière dramatique en 1873 : Verlaine le blesse d'un coup de feu au poignet au cours d'une dispute. Il compose alors très rapidement *Une saison en enfer* qui constitue avec *Illuminations* son testament littéraire. Une série de voyages l'entraîne ensuite en Allemagne, en Suisse et en Italie, puis à Chypre, avant de s'embarquer pour l'Égypte où il travaille dans le commerce des peaux et du café. Les dernières années de sa vie sont marquées par une affaire plus ou moins honnête d'importation d'armes.

Ronsard (Pierre de, 1524-1585). Grand poète de la Renaissance, son œuvre est immense (hymnes, odes, sonnets...) et aborde aussi bien le lyrisme que l'épopée. Il fut une sorte de chef de file pour les poètes de son temps, dont les plus importants s'étaient rassemblés dans les années 1550 pour former un groupe baptisé d'abord la Brigade, puis la Pléiade (Baïf, Belleau, Du Bellay, Jodelle, Peletier, Ronsard, Tyard).

Roubaud (Jacques, 1932-). Mathématicien, figure majeure de la poésie contemporaine, il est un membre important de l'OuLiPo, groupe de poètes dont l'inspiration est liée aux formes et à l'aspect ludique de l'écriture.

Roud (Gustave, 1897-1976). Né en Suisse, il renonce à l'enseignement pour se consacrer à l'écriture poétique et la traduction. Il collabore à plusieurs revues et maisons d'édition. Il sera aussi le mentor de Philippe Jaccottet.

Rousseau (Jean-Baptiste, 1671-1741). Auteur très apprécié du XVIIIe siècle, notamment pour ses odes lyriques, sa verve satirique fit sa célébrité et son malheur : certains couplets lui valurent un bannissement qui dura de 1716 à sa mort, malgré quelques rémissions.

Roy (Claude, 1915-1997). Poète, romancier, essayiste, on lui doit une poésie légère et grave à la fois. Il a publié pour les enfants *La Maison qui s'envole* en 1977.

Sadeler (Joël, 1938-2000). Professeur, animateur de poésie, il a publié dans de nombreuses revues. Il a obtenu le prix de la Poésie pour la jeunesse en 1997.

Saint-Amant (Marc-Antoine Girard de, 1594-1661). Esprit curieux et érudit, voyageur – il ira jusqu'au Sénégal –, il fréquente les milieux littéraires et libertins. Affranchie des modèles latins, sa poésie est plus marquée par les modernes, espagnols ou italiens.

Salomé (Jacques, 1935-). Psychologue, il a rédigé de nombreux ouvrages sur la communication et a fondé un centre de formation aux relations humaines.

Scarron (Paul, 1610-1660). Personnage très célèbre du monde des Lettres, il l'est autant par son œuvre à tonalité réaliste (*Le Roman comique,* 1651) ou burlesque (*Virgile travesti,* 1648), que par sa vie : gravement malade, paralysé des jambes, il épouse une jeune fille, Françoise d'Aubigné, qui deviendra après sa mort Mme de Maintenon, épouse secrète du roi Louis XIV.

Scève (Maurice, 1501-vers 1564). Poète de la Renaissance, chef de file, avec Louise Labé et Pernette du Guillet, de ce qu'on a appelé l'école lyonnaise, il fait paraître un important recueil de poèmes d'amour, *Délie, objet de plus haute vertu,* en 1544.

Sigogne (Charles-Timoléon de, vers 1560-1611). Proche du roi Henri IV, gouverneur de Dieppe, il est l'auteur de nombreuses pièces satiriques, parfois violentes et attaquant nommément des personnes vivantes.

Siméon (Jean-Pierre, 1950-). Professeur de Lettres modernes, poète, romancier, dramaturge et critique, il crée en 1986 La Semaine de la poésie à Clermont-Ferrand, puis devient en 2001 le directeur artistique du Printemps des poètes.

Soupault (Philippe, 1897-1990). Membre actif du mouvement Dada, il s'engage ensuite aux côtés de Breton et d'Aragon dans l'aventure du surréalisme (*Les Champs magnétiques,* 1920). Devenu journaliste et romancier, il quitte Paris pour de longs voyages à travers le monde et se veut le témoin de son époque. Il porte un intérêt captivé pour toutes les manifestations de l'art moderne (jazz, cinéma, théâtre, peinture...).

Supervielle (Jules, 1884-1960). Né en Uruguay, il passe sa vie entre la France et l'Amérique du Sud. Toute son œuvre est imprégnée du souvenir des immenses espaces vides de la pampa et de l'océan (*Gravitations*, 1925 ; *La Fable du monde*, 1938).

Tardieu (Jean, 1903-1995). Poète et auteur dramatique, il aime jouer avec le langage, ce qui n'est pas pourtant sans manifester une certaine inquiétude devant la condition humaine.

Tesson (Stéphanie, 1969-). Comédienne et metteur en scène, elle se consacre aussi à l'écriture.

Thomas (Henri, 1912-1993). Après une jeunesse à la fois parisienne et paysanne difficile, il renonce en 1935 aux bénéfices de l'agrégation pour vivre en homme libre, tour à tour poète, romancier et traducteur considérable.

Toulet (Paul-Jean, 1867-1920). « Boulevardier », donnant des chroniques au journal *La Vie parisienne*, il fréquente le salon littéraire de la princesse et poétesse Anna de Noailles. Proche de Daudet et de Debussy, il représente cette poésie légère, fin de siècle, qu'on a qualifiée de fantaisiste (*Les Contrerimes*, 1920).

Tzara (Tristan, 1896-1963). Poète d'origine roumaine, il est l'un des fondateurs du mouvement Dada, à Zurich, en 1916. Arrivé à Paris en 1919, il se lie avec Breton. Mais si le mouvement surréaliste procède de Dada, il en diverge cependant. Breton et Tzara cessent de collaborer en 1922. (*Manifeste Dada*, 1918 ; *De nos oiseaux*, 1923 ; *L'homme approximatif*, 1931.)

Verhaeren (Émile, 1855-1916). Poète d'origine belge, il participe au mouvement symboliste, puis sa poésie se teinte d'inquiétude et de désespoir (*Les Flambeaux noirs*, 1890). Il sera ensuite sensible à la beauté poétique du monde moderne, industriel et urbain (*Les Campagnes hallucinées*, 1893 ; *Les Villes tentaculaires*, 1895).

Verlaine (Paul, 1844-1896). Homme tourmenté, oscillant entre la sagesse et la déraison, la sincérité et la feinte, il est célèbre pour sa vie scandaleuse (relation amoureuse et tumultueuse avec Arthur Rimbaud, alcoolisme, prison, misère et fréquentation des hôpitaux) et pour sa poésie (*Poèmes Saturniens*, 1866 ; *Romances sans paroles*, 1874 ; *Sagesse*, 1881).

Vermeil (Abraham de, vers 1555-1620). Anobli pour ses beaux vers par le duc de Savoie, partisan de Henri de

Navarre dont il porte les armes, ce poète occupe une place de premier plan dans les recueils poétiques de son époque.

Vian (Boris, 1920-1959). Figure du Paris de l'après-guerre, amateur de jazz, parolier, compositeur, dramaturge, romancier (*L'Écume des jours*, 1947), Boris Vian séduit par son imagination et sa liberté de ton.

Viau (Théophile de, 1590-1626). Esprit indépendant et libertin, il est emprisonné pendant deux ans, banni pour impiété, puis condamné au bûcher mais y échappa. Réhabilité par les romantiques au XIXe siècle, il est aujourd'hui considéré comme le poète le plus moderne de son temps.

Vigny (Alfred de, 1797-1863). Militaire de carrière, il participe au mouvement romantique, que ce soit au théâtre (*Chatterton*, 1835) ou en poésie (*Poèmes antiques et modernes*, 1822-1826). Il est élu à l'Académie française en 1845. Son grand recueil, *Les Destinées*, paraît après sa mort, en 1864.

Villon (François, vers 1431-après 1463). Sa vie turbulente, qui mêle études, bagarres, vols, meurtre, condamnation à mort, errances et poésie, a fait de lui une image presque légendaire du poète. Ses *Testaments* (1456 et

1462) sont célèbres, tout comme la fameuse « Ballade des pendus ».

Voiture (Vincent, 1597-1648). Poète de salon, ami des précieuses, il compose une poésie légère et spirituelle, qui rencontre beaucoup de succès, et devient l'un des premiers membres de l'Académie française. Publiés après sa mort, ses écrits (*Œuvres*, *Lettres*, 1650) lui valent l'admiration d'auteurs comme La Fontaine et Voltaire.

Voltaire (1694-1778). Philosophe, auteur de théâtre, de poésie, de romans et de contes, et ce dans presque tous les genres, il est l'exemple de l'énergie et du dynamisme du siècle des Lumières. Des épigrammes mordantes et des poèmes comme « Le Mondain » témoignent de sa vivacité, tandis que le poème « Sur le désastre de Lisbonne » est un bon exemple du regard plus grave qu'il porte sur le monde.

Index des auteurs

Index des mouvements, formes et tonalités

Mouvements

Pléiade

Baroque

Romantisme

Formes

Table des matières

Composé par Nord Compo Multimédia
7, rue de Fives, 59650 Villeneuve-d'Ascq

Dépôt légal : avril 2012
N° d'édition : L.01EJEN000817.C004
Loi n° 49-956 du 16 juillet 1949
sur les publications destinées à la jeunesse
Imprimé en Espagne par Novoprint (Barcelone)

Découvrez également :

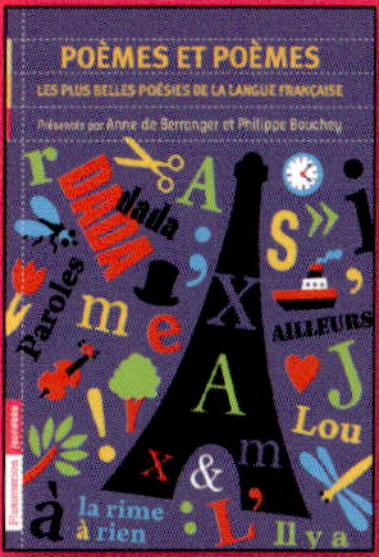

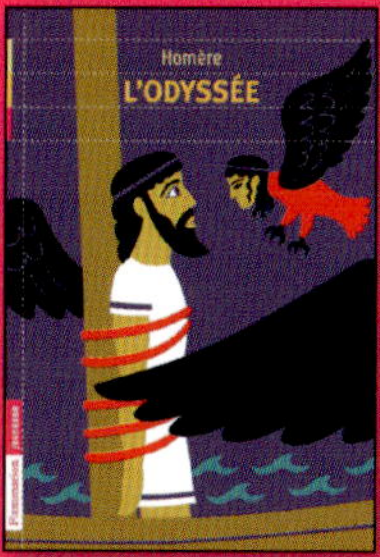

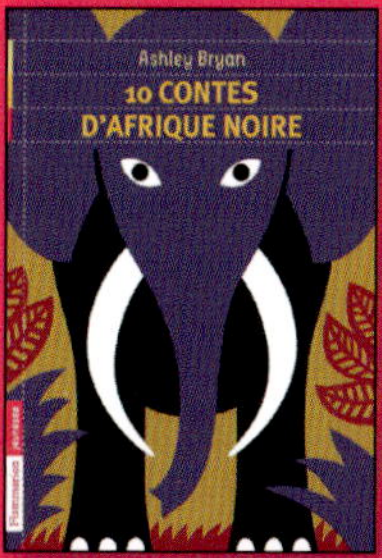

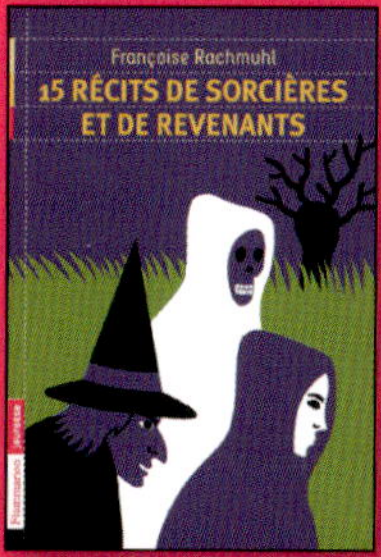

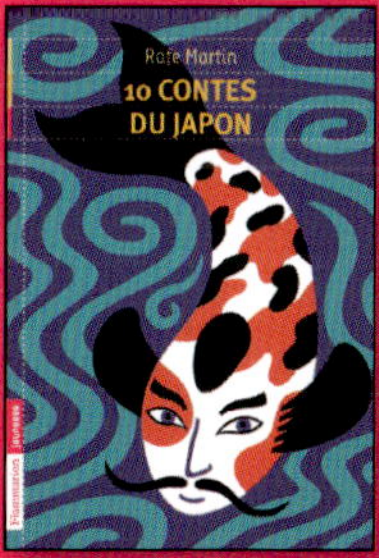

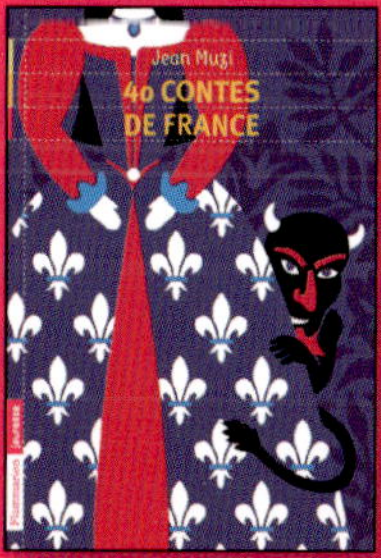

POÈMES ET POÈMES

— LES PLUS BELLES POÉSIES DE …

Présentés par Anne de Berranger …

Invitez-vous au voyage ! Laissez-vous emporter par ces poèmes romantiques ou surréalistes, tristes ou gais, mélancoliques ou impertinents, et écoutez la musique de notre langue. Huit thèmes pour aborder la richesse de notre patrimoine, pour croiser, au gré de ces promenades, des textes classiques ou modernes et, toujours, entendre la voix du poète qui chante à notre oreille.

« Peuples ! écoutez le poète !
Écoutez le rêveur sacré !
Dans votre nuit, sans lui complète,
Lui seul a le front éclairé ! »

Flammarion Jeunesse

DÈS 11 ANS

ILLUSTRATION : Fred SOCHARD

ISBN : 978-2-0812-6620-9 PRIX FRANCE 6,70 €
9 782081 266209
www.flammarion-jeunesse.fr